JN317159

世界の宗教ガイドブック

「神」を求めた人類の記録

世界の宗教
ガイドブック

「神」を求めた人類の記録

ヒュー・P・ケンプ
Hugh P. Kemp

[監訳] 大和昌平
Shohei Yamato

いのちのことば社

Text copyright © 2013 Hugh P. Kemp
Original edition published in English
under the title:

The One-Stop Guide to World Religion

by Lion Hudson plc, Oxford, England
This edition copyright © 2013 Lion Hudson

Printed and bound in China

［監訳］
大和昌平（やまと・しょうへい）

1955年生まれ。
東京基督神学校卒業後、福音交友会・京都聖書教会牧師を25年務め、その間、佛教大学・大学院で仏教学を研究。
現在、東京基督教大学教授（実践神学・東洋思想）。
著書に『牧師の読み解く般若心経』『追憶と名言によるキリスト教入門』（ヨベル）等がある。

翻訳協力　中田有紀

聖書 新改訳©1970, 1978, 2003 新日本聖書刊行会

世界の宗教ガイドブック
──「神」を求めた人類の記録

2015年9月20日発行

著　者　ヒュー・P・ケンプ
監　訳　大和昌平
発　行　いのちのことば社
　　　　〒164-0001 東京都中野区中野2-1-5
　　　　電話 03-5341-6923（編集）
　　　　　　 03-5341-6920（営業）
　　　　ＦＡＸ 03-5341-6921
　　　　e-mail:support@wlpm.or.jp
　　　　http://www.wlpm.or.jp/

Japanese translation copyright ©いのちのことば社 2015
乱丁落丁はお取り替えします
ISBN 978-4-264-03430-8

目 次

目 次 5

序 文 7

理論と背景 8
世界の諸宗教を定義する

世界の諸宗教分布図 10

原始宗教 12
原始的な信仰

古代文明 14
メソポタミアとバビロン

エジプト 16
死と死後の人生に備える

ギリシアとローマ 18
ギリシア・ローマの宗教

北ヨーロッパ 20
ケルト人とゲルマン民族

インダス文明 22
ハラッパー人とアーリア人

アフリカの宗教 24
多様性と共同体

シャーマニズム 26
恍惚の宗教

太平洋とオーストラリアのアボリジニ 28
メラネシア、ミクロネシア、ポリネシアの宗教

アメリカ先住民の宗教 30
自然と精霊の世界

アンデスの人々 32
インカ人

ヒンドゥー教 34
1つの生き方

ヒンドゥー教 36
ヒンドゥー教徒の文学

ヒンドゥー教 38
鍵となる概念

ヒンドゥー教 40
社会と村落の生活

ヒンドゥー教 42
欧米における影響

仏 教 44
ブッダの生涯

仏 教 46
世界宗教

仏 教 48
四諦説と仏教経典

仏 教 50
分派と運動

仏 教 52
欧米の現象

中国の宗教 54
三 教

道 教 56
教師と発展の歴史

道 教 58
主な思想と影響

儒 教 60
孔子という人物

儒 教 62
鍵となる思想、教え、論語

儒 教 64
中国の遺産

ユダヤ教 66
歴史的な基礎と概観

ユダヤ教 68
族長、モーセ

ユダヤ教 70
信 仰

ユダヤ教 72
儀式と宗教行為

ユダヤ教 74
近代ユダヤ教と国家

キリスト教 76
イエスが中心

キリスト教 78
その設立と形態

キリスト教 80
聖 書

キリスト教　82
信仰と実践

キリスト教　84
世界へ

イスラム教　86
導入と定義

イスラム教　88
ムハンマド

イスラム教　90
聖　典

イスラム教　92
信仰と実践

イスラム教　94
スンニ派、シーア派、スーフィー教

ヨルバ教とブードゥー教　96
アフリカから世界へ

ジャイナ教　98
平和な宗教

ゾロアスター教　100
およびムンバイのパールシー

シク教　102
グル・ナーナクと信仰とグルドワーラー

日本の宗教と神道　104
近代国家の古い宗教

バハーイー教　106
すべての一致

モルモン教　108
末日聖徒キリスト教会

ペイガニズム　110
新しい時代の古代宗教

ポストモダン　112
宗教への挑戦

無神論、世俗主義、不信仰　114
神は必要ない

リバイバルと刷新運動　116
新宗教運動

ニューエイジ運動と秘儀　118
生活をもう一度神聖なものにする

原理主義　120
極端な宗教

Bibliography　123

索　引　124

Picture acknowledgments　127

序　文

　歴史書に1冊でもざっと目を通すと、「宗教が世界を動かしているんだなあ」ということに気づく。歴史を通して、宗教はよいものを非常に多くもたらしてきた。宗教は、意義や神聖なものに対する人類の憧れを表現してきた。また宗教的な衝動は、世界で最も偉大な文学や芸術の中で表現されてきた。宗教は数多くの人々を奮い立たせて、貧困に苦しむ人々や排斥されている人々を助けたり、奴隷制度を廃止したり、真理のために立ち上がったり、公正な世界を作り出すために働いたりするようにさせてきた。

　しかしながら、ニュース報道では、しばしば否定的な理由で宗教が取り上げられる。あまりにも多くの暴力沙汰が宗教のせいにされる時代なのだから、私たちもお互いの信仰や儀式について学ぶ必要がある。宗教のよい点を確認する必要もあるが、宗教の暗部をも直視する必要がある。これは私たちが大切にしている信仰や確信を手放すという意味ではなく、究極の真実について議論するのをあきらめるという意味でもない。広い見聞を備えた精神から価値ある会話が生まれ、他の人々のために最善を求める心によって、その会話は活発になる。世界の宗教を主題とした書物が豊富にある中で、本書はささやかな貢献にしかならないが、読者の皆さんの一助となって、私たちを私たちたらしめている数多くの、そして多様な宗教表現をよりよく理解できるようにと願っている。

　イスラム教についての章（文責：コリン・エドワーズ）以外は、私自身の手になる文章である。もっとも、他の方がたの研究に依拠してはいる。私自身はクリスチャンではあるが、諸宗教の驚くべき坩堝であるインドで生まれた。アジアで仕事を続け、キリスト教・歴史学・社会学・仏教を大学院で学んだ。

　本書の構成は、私自身の関心と経験を表している。私は、「代表的な諸宗教」──私たちが日常的に見聞きする主な宗教──と、「重要なその他の宗教」──これらもまた、私たちの住む世界を形作っている──を選び出そうとした。また、ポストモダンの台頭や蔓延しつつある世俗主義のような、今日、宗教を脅かしている幾つかの現象にも言及している。

　宗教を学んでいると、時に回転式乾燥機に放り込まれたような気分になることがある。混乱の坩堝に投げ込まれるようなものである。しかし、これがおそらくは、宗教の本質であろう。宗教とは、整理しきれない問題に答えを求める生身の人間を扱うものである。そこには、神々・儀式・象徴・物語があり、また生きる意味と目的を求めてやまない人間に訴えかける思想がある。まさにこうしたものによって、私たちは人類として結び合わされている。お互いをできるかぎり、よりよく理解することによって、究極的には、私たちの多様な異なる信仰体系を了解することを学びたいと、私は願っている。

ヒュー・P・ケンプ

理論と背景

世界の諸宗教を定義する

人は宗教なしには生きられない。宗教には非常に多様な形式があり、宗教を学ぶ方法も数多くある。21世紀における技術の急速な発展に伴って、グローバル化がますます進んだので、以前にも増して、異なる信仰と文化を持つ人々がより頻繁に交流するようになった。それゆえ、人々の世界観に影響を与える伝統的な宗教を理解することが重要となる。

それでは、宗教とは何か。「世界的な」宗教とは何だろうか。私たちは宗教について、どのように語るべきだろうか。非常に古く、保守的で、変化を拒む宗教もあれば、新しく、革新的で、常に更新を続ける宗教もある。

宗教──死んだのか、生きているのか

16世紀以来、科学が台頭すると、神は死んだとか、宗教は重要でなくなったとかいわれ、社会の世俗的な性質についてますます語られるようになった。しかし人々は宗教が死に絶えることを許したいわけではないらしく、新しい宗教的な運動も現れている。こうした運動ではしばしば、古い伝統を再解釈したり、別々の信仰の多様な要素を混ぜ合わせたり、組み合わせたりしている。

例えばアジアでは、宗教は活発に生きている。儒教と古代バラモン教（現在のヒンドゥー教）は、中国とインドの両国に住む何百万もの人々の世界観に影響を与えてきた。太平洋・アフリカ・アジア・南アメリカの地に浸透した世界観に深く根ざして、土着の人々は明確な政治的抗議や勃興する自意識から、より強い自己主張の声を今や見出している。今日、これら太古の諸宗教は、さまざまな好機と新しい脅威の両方に直面している。

宗教とは何か

宗教とは理想的な存在への探求であり、自分自身を超えて、人生の意味を尋ね求めることである。この探求自体が、宗教というものを定義しているという人もいれば、その探求には目的と解答との両方があるという人もいる。ほとんどの（すべてではないが）「宗教」は、何かしら神的な存在、あるいは霊的な存在についての知識や、そうした存在との関係を要求する。こうした存在はしばしば、神々あるいは究極の唯一神という形をとる。

宗教は儀式・信条・制度という形で現れ、礼拝や聖典の執筆・編纂のようなものが、それに当たる。これらのものによって、宗教本体に秩序と形が与えられ、共同体意識が生まれ、何かしら神的な体験ができるように助けられる。宗教は倫理を規定し、「いかに生きるべきか」という問いに答えてくれる。さまざまな状況によって、また歴史において重要なので作り出された宗教もあれば、啓示によってできたと主張する宗教もある。つまり神がその特徴や生活規範を、そして自らの人格さえも人間に啓示するのである。

宗教をどのように認識するか

　宗教を学ぼうとするとき、どこから始め、どのように扱うべきだろうか。学者ニニアン・スマート（1927—2001年）は、著書『世界の諸宗教』（1989年）の中で、宗教には7つの側面があると述べている。

1. 実践的・儀式的側面。どんな儀式が執り行われているか。例としては、過越の祭り、割礼、ハッジ（メッカへの巡礼）、洗いの儀式、イコンへの口づけなどを含む。
2. 体験的・情緒的側面。どのように感じるか、何を体験するか、より聖くなったと感じるか、私は、この宗教に、どのように感情的に結びつけられ、影響されているか。どんな感情が私の内に夢や幻を呼び起こすか。
3. 物語的または神話的側面。どのようなストーリーや聖典が助けになるか。私たちみなが同意する包括的な「物語」（例えば、創造物語のような）は何か。
4. 教義的・哲学的側面。権威はどこにあるのか。現実をどう理解するのか。どんな信条に同意するのか。なぜ私たちは信じ、これらのことを行うのか。
5. 倫理的・法律的側面。どう生きるべきか。何が正しく、また間違っているのか。
6. 社会的・制度的側面。どんな制度がこの宗教を形作っているか。婚姻か、教会運営か。この共同体は、どのように組織されているか。誰が、なぜ指導しているのか。
7. 物質的側面。人々はどこに集まるのか（神殿か、教会か）。どんな物を使うか。祈禱用の数珠か、何らかの像か、ろうそくか。それを聖なるものにしているのは、何か。

　これら7つの側面は、あらゆる宗教を描写するための幅広い基盤を提供している。後にニニアン・スマートは、経済的側面と政治的側面という2つの側面を追加している。宗教は社会の一部であるが、宗教はそのより広い社会に、どのように関わっているのか。宗教の、国家や経済との関係は、どのようなものだろうか。

　10番目の側面を追加するのは、たぶん賢明だろう。つまり自然的・創造的・環境的側面である。これは、「この宗教は、私たちに、どのように周りの世界をケアするように言っているのか」というような問いを含むことになるだろう。

左奥：マハーラーシュトラ州のインド人の結婚式における新郎新婦。
左：インドは西ベンガル州のコルカタにあるノコダ・モスクで金曜の祈りを捧げるイスラム教徒の礼拝者たち。

宗教には「家族的な類似点」がある

　定義の問題は、宗教を悩ませる。マルクス主義とは何か。世俗主義とは。邪教とは。これらは宗教なのか。家族同士が似ているように、諸宗教には「家族的な類似点」があると考えられる。後世に影響を残した哲学者ルートヴィヒ・ヴィトゲンシュタイン（1889—1951年）が、この着想を得た。例えばキリスト教とヒンドゥー教のように異なる2つの宗教にも、「家族的な類似点」がある。つまり両方の宗教の信者は、神を礼拝する。また少し例を挙げると、通過儀礼や洗いの儀式もある。こうした礼拝行為は1つの神格や英雄や聖人への礼拝として定型化されることもあるし、自由な崇敬の行為になることもある。これらの神格は何かの像で表されることが多い。さらに、女性のイメージが優勢であったり、女性の資質が崇高なものと見なされたりすることも「家族的な類似点」の1つに数えられる。上の写真では、キリスト教徒が、スペインのセビリアにあるマカレナの聖母の手に口づけしている。

世界の諸宗教分布図

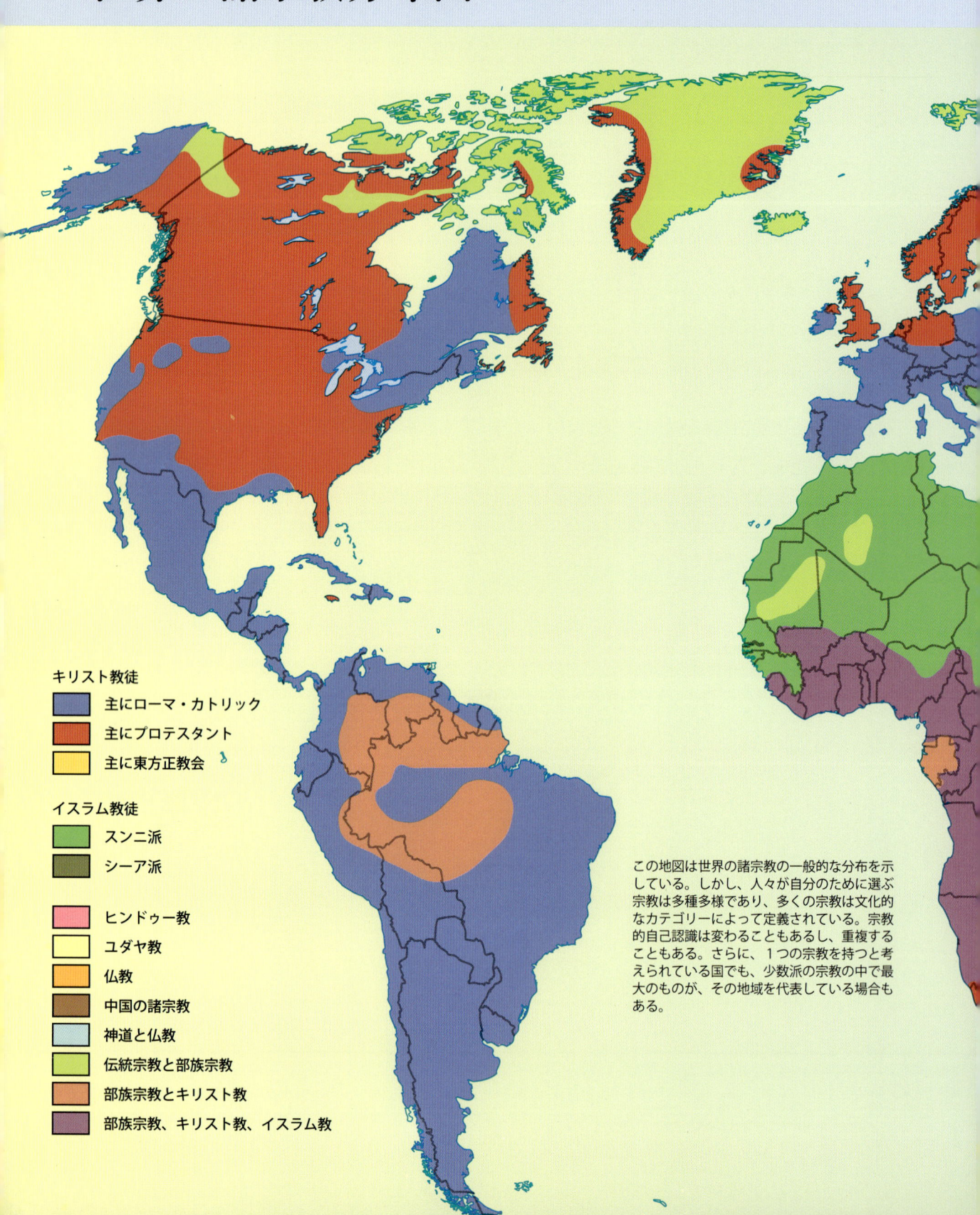

キリスト教徒
- 主にローマ・カトリック
- 主にプロテスタント
- 主に東方正教会

イスラム教徒
- スンニ派
- シーア派

- ヒンドゥー教
- ユダヤ教
- 仏教
- 中国の諸宗教
- 神道と仏教
- 伝統宗教と部族宗教
- 部族宗教とキリスト教
- 部族宗教、キリスト教、イスラム教

この地図は世界の諸宗教の一般的な分布を示している。しかし、人々が自分のために選ぶ宗教は多種多様であり、多くの宗教は文化的なカテゴリーによって定義されている。宗教的自己認識は変わることもあるし、重複することもある。さらに、1つの宗教を持つと考えられている国でも、少数派の宗教の中で最大のものが、その地域を代表している場合もある。

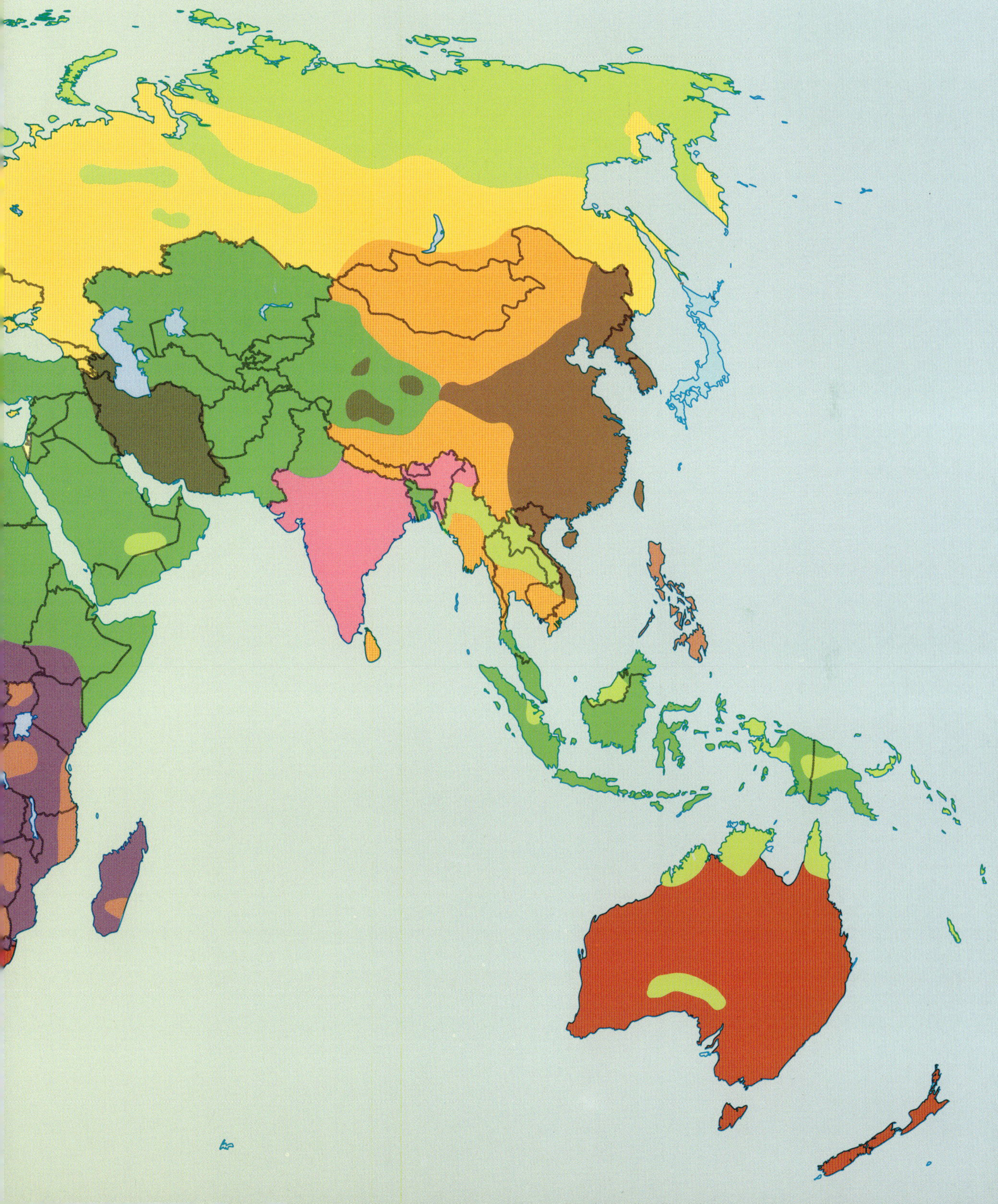

原始宗教

原始的な信仰

世界のほとんどの宗教には聖典がある。例えば、キリスト教なら聖書、イスラム教ならクルアーン、ヒンドゥー教ならバガヴァッド・ギーター、シク教ならグラント・サーヒブである。しかし書くという伝統のない社会では、どうするのか。世界の多くの社会には文字がなく、口承に頼っている。すなわち、主に語られる言葉によって意思疎通がなされており、彼らの伝統は記憶によって保たれている。

口承伝承

口承社会の宗教は、魔術あるいは迷信と見なされる傾向がある。そこには、こうした宗教は未発達で体系化されておらず、それゆえに注目するに値しないという含みがある。別な見方によれば、宗教は何千年もの期間をかけて、おそらく「進化」してきたはずであり、これらの口承社会は、ある意味で「原始的」なのだというのである。

しかし、必ずしもそうではない。文字を持たない口承社会にも、きわめて洗練された信仰体系があり、そこには複雑な儀式や深遠な神話と象徴体系もある。言い換えるなら、人々が文字を持っていないからといって、その人々が、注目に値する宗教を持っていないという意味にはならない。文字を持たない口承文化に生きる人々には非凡な記憶力があり、独特な仕方で社会の信仰や伝統を語り伝えたり、劇にして表現したりしている。複雑な概念や深い霊的な洞察は、このような方法で世代から世代へと受け継がれている。多くの口承文化では、ほかの方法でも意思伝達を行っている。例えば、壁画を描いたり樹皮を彫ったりして、彼らの物語を語ったり信仰を記録したりしている。

アニミズム

こうした口承文化の信仰を表す言葉の数少ない選択肢の中で、「原始」宗教という用語は最適である。原始宗教には、基礎的で根本的、また普遍的とさえいえる宗教の形式が備わっている。文書を持つ多くの宗教も、原始宗教の特徴の幾つかは持っているものである。例えば、人間と世界との間には相互に意思疎通する関係があるという考え方や、人類と神々との間を仲介する存在がいるという概念がそうである。さらに「原始宗教」という用語には、「最初の」という意味も含まれている。原始宗教は後に続くものすべてに先行し、そのすべてを物語っている。確かに、この用語には、宗教の発展における「進化論的なモデル」が暗示されている（この是非については議論されている）。にもかかわらず、この用語のおかげで、さまざまな宗教が自立する権利を与えられた。

原始宗教はまとめられて、一般に「アニミズム」という範疇に分類される。あらゆる物体にはアニマ（「命」、「魂」を意味するラテン語）が宿っていて、すべての物体は精霊によって動かされているという。こうした社会においては、物質的な世界と霊的な世界とはひとつであって、同じであると信じられている。すなわち、あらゆるものにアニマが宿っている、つまり、何らかの生きている魂を宿すことによって、すべてのものは動かされていると信じられている。

上：アフリカにいるアシャンティ族のシャーマンが使うライオンの仮面。この種の仮面は村の祭礼で祈禱師によって使われた。仮面は、秘儀を伝授する特別な儀式の間、動物に変身するために使われたのかもしれないし、または単に強さや勇気を象徴するために使われたのかもしれない。

左：後期石器時代のタンザニアの壁画。近年の学者の解釈によれば、「シンボ」として知られる、神懸り状態になったシャーマンの踊りを記録したもの。神懸り状態のシャーマンは、身体が伸び鼻血を出すという大仰な様子で描かれている。血は潜在的な力が沸き立っている状態と見なされ、また治癒に使われた。

●参照箇所
シャーマニズム、26—27頁
オーストラリアのアボリジニ、28—29頁
アメリカ先住民の宗教、30—31頁
ヨルバ宗教、96—97頁

原始宗教の特徴

ニニアン・スマート（1927―2001年）は宗教学の分野における優れた学者であり、教師だった。著書『人類の宗教体験』（1984年）において、スマートは原始宗教の主な特徴を幾つか提示している。

マナ

太平洋文化圏から生じた用語。「マナ」は周囲を取り囲んでいる力で、目には見えず、神々が宿っている。マナは、族長や動物、特定の場所、巨岩、重要な地形に宿っている。

タプ・タブー

太平洋圏の言葉である「タプ」に由来する。タプとは、ある人が非常にマナに満ちているため、不敬なものや世俗的なものが近寄れないという意味を表す。物もタブーになりうる。あるいは、ある物を「神聖な」ものとして別に分けることによって、タブーにされることといえるかもしれない。例えば、戦いの前夜の戦士は儀式的にタブーになりうるし、死骸もタブーになりうる。

最高神（HIGH GOD）

すべてでないとしても、ほとんどの原始宗教には最高神という概念がある。最高神はこの世よりも上にいて、この世を超越している。最高神は、魂を含むすべてのものを創造し、支配している。最高神はしばしば遠く懸け離れた存在と見なされ、描写することができない。それゆえ、人々はより低い神々に、より強い関心を寄せている。

トーテム信仰

自然界に根ざしているため、トーテム信仰は、動物や植物のある種と密接な関係を持っている。トーテムの対象とされたものは聖別される。その対象とされたものは、おそらく伝説上の英雄であり、あるいは部族の創始者だろう。トーテムにされる動物は、たいてい強さ、狡猾さ、知恵を象徴する。

祖先崇敬（Ancestor veneration）

その創始者、あるいは偉大なマナを宿す英雄はしばしば、宗教的な儀式で褒め称えられる。こうした儀式が行われたのは、その儀式がその土地の豊饒や健康と関係があると見なされていたからであろう。祖先たちは生き続けており、「生きている死者」である。

シャーマン

シャーマンとは恍惚状態になる能力がある人であり、生きている人と「生きている死者」との間を往来することができる。旅というテーマが重要である。すなわちシャーマンには「生きている死者」の世界へ旅をする能力があり、そこから指導や病気の治癒や知恵を携えて戻ってくることができる。

神話

原始宗教にとって、神話と物語を語ることは、その内容においても、また自分たちの物語の形式を引き継いでいくためにも重要である。神話はものの起源や、善と悪や、その土地の地形や、過去の出来事や未来の可能性などを説明する。

モンゴル人の創造神話

この神話はイゴール・デ・ラチェヴィルツ訳（2004年）『モンゴル秘史』（13世紀）による。

初めに、天によって定められた運命を持って生まれた、1匹の青味がかった灰色の狼がいた。狼は1匹の牝鹿と連れ添ってテンギス湖を渡り、ブルカン・カルドゥン山のオノン川の源に巣を作った。そしてバタチカンが生まれた……

メキシコはトゥーラ・デ・アジェンデにある巨像は、勇猛なトルテカの戦士を表している。前アステカ・トゥーラ文化（後800―1000年）の時代からずっとここにある。祖先の像を造ることは、トーテムとされる動物を造ることに似た目的を果たす。つまり祖先の像は力・知恵・守護を象徴するのである。

13

古代文明

メソポタミアとバビロン

考古学者によって、古代文明は多くの異なった方法で分類されるが、主な特徴の1つとして、古代文明はたいてい河川の流域やその近辺、または別の水源に形成される。前3500年以降、メソポタミア（現在のイラク）、黄河（中国）、インダス渓谷（現在のパキスタン）、ナイル川（エジプト）はみな、4つのよく知られた古代文明の発祥地となった。

古代文明はそれぞれ、独自の文化・政治制度・農法・社会階級制度の上に築かれた。歴史を通して、さまざまな文明が興亡する中で、古代文明は世界に、文化の基礎を築くための原理を提供してきた。すなわち、筆記・数学・政府・技術・経済・哲学・宗教のための原理である。

水の生産力——その結果としての土地の豊壌——は、しばしば古代文明の文化におけるテーマとなった。時代を超えて、都市国家は農業地帯に形成され、支えられてきた。神々は自然を、とりわけ河川の増減を司ると信じられていた。これはすなわち、大地の豊壌を司ることである。水は混沌と秩序の両方を象徴していた。土地の豊壌をもたらすのは王や女王の役割であるとよく考えられた。王や女王はある意味で、神々と見なされていたからである。

メソポタミア

メソポタミアの古代の諸宗教には、多くの共通点がある。というのも、これらの諸宗教はみな、古代シュメール人とアッカド人に起源があるからである。これらの民族は、メソポタミア——meso potamos——すなわち「川の間」の地を支配した最初の文化を形成した。メソポタミアは現在のイラクに当たる、チグリス川とユーフラテス川の間にある長く、広大で、肥沃な谷である。メソポタミアは古代文明のゆりかごの1つだった。

メソポタミアを領土とした帝国

- シュメールとアッカド（前3500—前608年）。この地に痕跡を残した最初の文化。
- アッシリア（前2300—前612年）。都市国家群で、ニムロデとニネベが有力だった。
- バビロン（前1900年代—前500年代）。前539年に滅亡。
- ペルシア（前550—前331年）。東はインドから西はギリシアまで領土を拡大した。

文字を持つ文明

メソポタミアに興亡した文明は、都市国家の周辺に築かれた。これらの文明は都会的であり、そのことは宗教にも反映された。これらは今や「絶滅した」宗教ではあるが、メソポタミア文明は、宗教的文化遺産を遺した。例えば楔形文字は、シュメールで生まれた。したがってシュメールは、宗教的信条を読むことができる、おそらく最も初期の文化である。法典（特にハンムラビ法典）も発見されており、そのおかげで後の時代の人々の宗教も明らかになった。例えば、旧約聖書の十戒は、メソポタミアの法典にのっとって構成されたと考えるのは理屈に合っている。メソポタミア全土を通して、大洪水の物語が幾つかあり、その中の1つが聖書にある。上の写真はメソポタミア世界の地図で、楔形文字の碑文が刻まれている。バビロンが中央にあって、アッシリアとエラムの名前も刻まれている。中央の地域は、循環する水路に囲まれている。

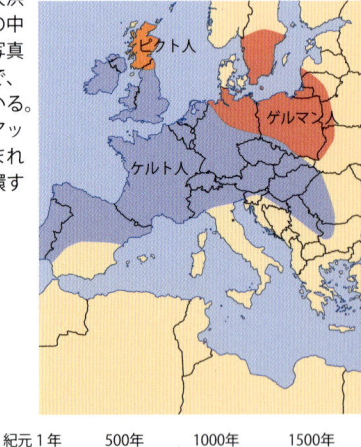

世界の古代文明の位置を示す地図

メソポタミア	前3500—前2000年
古代エジプト	前3100—前1070年
黄河	前2700—前1122年
インダス渓谷	前2650—前1500年
古代ギリシア	前800—前338年
古代ローマ	前509—後470年
ケルト人	前400—後60年
ピクト人	300—900年
ゲルマン人	500年—現在
インカ	1200—1532年

メソポタミアの神々

メソポタミアの文化には多くの神々がいた。アンが最高神であるが、大気と風との神エンリルのほうが、よく知られている。風は雨をもたらし、穀物に滋養を与えた。古代メソポタミアの人々は、陸は大洋の上に「浮かんでいる」と信じており、泉や井戸が、その証拠だと考えていた。雨と灌漑とは最終的に富を生み出した。しかし風と雨とは、破壊をもたらすこともありえた。エンリルは、運命の石板を持っており、彼の配偶者はニンリル、つまり風の夫人である。エンキは地下水の神であり、狡猾で愉快である。

繁殖は、不滅を暗示しており、古代の諸宗教では有力なテーマである。イシュタルはアッカド人の繁殖の女神で、アッシリアではアシュタロテとなる。また水の滋養と結びつけられると、アシュタロテはにわか雨と雷雲との女神にもなり、また戦争の女神でもあった。マルドゥクは雷雨の神で、若い雄牛として繁殖を象徴した。混沌が常に近くに潜んでおり、メソポタミアの宗教の多くは、秩序を探求した。なぜなら、暴風雨や氾濫という手に負えない水の力によって、世界が混沌と化してしまうおそれがあったからである。農業と都市社会の両方がうまく機能するためには、秩序が必要である。したがって、創造神話は混沌から秩序を生み出すことを物語るようになる。つまりは、創造された秩序は常に、世界が水浸しの墓場に戻るのではないかと脅かされていたのである。

ジッグラト

メソポタミア（現在のイラク）には、今日もなおジッグラトが全土に散在している。ジッグラトは背の高い「塔」であるが、より正確には、ずんぐりした山を複製したものである。ジッグラトは大きく（50メートルの高さに達する）、神々の家となり、神々は頂上に住んでいた。幾つかのジッグラトは神殿として使われた。聖書の創世記に登場するバベルの塔はジッグラトであったようである。このように神々は人々の間に住み、人々の世話をした。各都市に1基ずつジッグラトがあり、その神は慈悲深く都市を見下ろしていただろう。神の像はジッグラトの頂上から取り下ろされ、祭司によって儀式的に水で洗われた。祭礼では、これらのジッグラトの頂上にいる神の許へ「登っていく」という儀式が行われた。

バビロン人の創世観

バビロン人によれば、創造は争いから起こった。ティアマトは他の神々を滅ぼそうとした女神だったが、マルドゥクがティアマトを殺した。マルドゥクはティアマトの死体を2つに切って、天と地を創造するために使った。ティアマトの涙がチグリス川とユーフラテス川になった。

『エヌマ・エリシュ』

メソポタミアの宗教のほとんどは、叙事詩の形で残っている。これは神々の物語で、神々が何をしたか、またお互いに、あるいは人類に対して、どのような関係にあるかを物語っている。『エヌマ・エリシュ』はバビロンの創世神話である。ほとんどの人々が、前18世紀から前16世紀の間に書かれたと考えているが、前7世紀まで下る、新しい版もある。それは、こう始まっている。

上にある天が名づけられていなかったとき、
そして、下にある地にいまだ名がなかったとき、
太古のアプスーが、天地の父であり、
混沌、すなわちティアマトが、天地の母であった。
天地の水は互いに混ぜ合わされたが、
野はいまだ形をなさず、
湿地もいまだ見られなかった。
いかなる神もいまだ存在していなかった、
名を持つ神はなく、いかなる運命も定められていなかった。
そのとき、天の真ん中で神々が創造された。

ギルガメシュ叙事詩

すべての神話が儀式的な礼拝や祭典のために作られたとはかぎらない。ギルガメシュ叙事詩は自由な創作文学である（元来、12の粘土板に刻まれており、その幾つかは大英博物館にある）。アッカド文学において最も長い作品であり、メソポタミア全土に多数の版があるので、よく知られている。ギルガメシュは歴史上、実際に存在したウルク（現在のイラク）の王子である可能性があり、叙事詩はギルガメシュが不死を求めて旅をする話である。親友エンキドゥが死んだ悲しみに打ちひしがれて、ギルガメシュは死を克服する方法を学ぼうと決意する。ギルガメシュは賢者ウトナピシュティムの許へ行く途中で数々の冒険をし、ウトナピシュティムからは、「死」の弟である「眠り」を倒すことを試みるように助言を受ける。ギルガメシュはこれに失敗し、死を克服することができず、人は死ぬべきものであることを悟る。それゆえ、ギルガメシュ叙事詩は、不死を追求したが失敗に終わった人類の非常に早い時期の記録であり、すべての人にとって死は避けられないことを語る記録でもある。この叙事詩には、創世記の洪水によく似た大規模な洪水の記述もある。

この叙事詩では、メソポタミア人——特にバビロン人——の世界観が示されている。すなわち命とは、今ここにあるものであって、死後に起こることは、不明瞭でわからないということである。死とはおそらく、塵の積もった薄暗い場所であり、したがって死者は丁重に葬らなければならない。さもないと、生者にとりつくために戻ってくる。死者のためには捧げ物が捧げられた。死者の思い出を称える儀式を行うことによって、不死が得られるかもしれない、と願ったからである。

エジプト

死と死後の人生に備える

死と死後の人生について、曖昧な感覚しか持っていなかった古代メソポタミア人とは対照的に、古代エジプト人は、死後に何が待ち構えているかについて、明確な観念を持っていたように思える。死に備え、死者を保存することは、芸術的な表現になるまで発達した。死者の世界への旅路をよりよいものにするために、エジプト人はミイラ化の技術を完成し、雄大な墳墓を建設した——このためにピラミッドなるものが造られた。このためには、精巧な防腐処置の技術と、驚嘆するほどの作業上の洗練が必要だった。神が死んでよみがえるという神話は、オシリス神の中に体現された（これは、毎年ナイル川の水が増水してまた減水するのに倣っている）。地上でよい人生を送るならば、死後の人生の質にも影響を与えるだろう。呪文と魔術は死んだ人の人生にも、引き続き影響を与えることができた。神が王となって統治するという考え方は、しっかりと発達していた。ファラオはみな、神々の息子であった。ゆえに、その遺体を保存して、死後もファラオの幸いが続くことを保証するのは優先課題だった。

アクエンアテンの改革
——一神教への短期間の試み

短い25年ほどの間（前1375—前1350年）、ファラオのアメンホテプ4世は、エジプト人がアテン神のみを礼拝するように徐々に導いた。これは一神教の実験だった。アテンは太陽の日輪であり、あらゆる命の源であった。ファラオは自分の名前をアクエンアテンと改名した。「アテンの役に立つ者」という意味である。ファラオ自身はある種の仲介者の役割を果たし、命を与えるアテンの力を、人々に手渡す者となった。伝統的に最高神で、ファラオの守護神だったアメン神への礼拝は抑圧された。しかし、この改革は長くは続かず、この改革そのものに対する抵抗が起こった。この改革は奇妙な政治的策略であったし、また改革を遂行した王の正気も疑われた。この改革は不要でもあった。なぜならエジプトの神々は互いに争うことなく、仲良く共存していたからである。また、神々についての物語や伝説も豊富にあった。

右：オソルコン2世（前883—前855年）のために作られた小像で、オシリス神の家族を表している。オシリスの隣にホルス（左）とイシス（右）がいる。

エジプトの神々

　エジプトは多神教であり、おのおの特定の責任と任務を帯びた多くの神々がいた。どの神も宥められる必要があった。エジプトの長い歴史を通して、幾つかの役割は複数の神々が担った。

神／女神	関連機能
アメン	神々の王、ファラオの守護神。後に太陽神ラーと同一視される。
アヌビス	死者の神。墓と関連づけられる。
アテン	太陽。一時的に主神であり、唯一神だった。
ハピ（アピス）	ナイル川の神。豊壌と関連づけられる雄牛。
ハトホル	雌牛の頭を持つ女神、空の女神。
ヘケト	誕生と助産の女神。蛙の頭なので、それとわかる。
ホルス	太陽神。
イシス	ナイル川の女神。病気を癒やし、子供を守護する。
クヌム	ナイル川上流の神。神々・人間・水の創造者。
ミン	繁殖の神。
ヌト	空の女神。
オシリス	収穫と豊穣の神。
プタハ	死者の神。創造や豊穣とも関連づけられる。
レー／ラー	太陽神。あらゆる命の源。
セベク	水の神。時に悪や死と関連づけられる。
セクメト	病気を司る女神。
セト	暴風雨と砂漠の神。暴力を振るい危険である。
スヌ	疫病の神。
トート	月の神、知識と知恵の神。字を書くことを発明した。
ウアチット	下エジプト守護神。ハエかコブラの頭を持つ。

エジプトの宗教書

　エジプトの宗教は、洗練され形式の整った文書としては書き残されなかった。エジプトの宗教は、むしろ物語や神話を寄せ集めてまとめたものだった。しかし、その多くは墓の壁や棺の周囲に刻まれていた。これらの、いわゆる「棺文書」が、宗教に関する書き残された資料の中核を成した。こうした文書は最終的には、中王国時代（前2050—前1750年）に『死者の書』、より正確には『日々前進するための書』として形を成した。この書物は死者と一緒に棺の中に入れられ、どのように死後の人生へ入っていくかを死者に教えた。

太陽神ラーの演説（棺文書1130番）

　心安んじて歓呼せよ！　私はあなたがたに、よい行いを繰り返しする。それは、蛇のとぐろの中から、私自身の心が私のためにしたことで、争いを鎮めるためだった……

　どの人間も自分の生きている間は息ができるように、私は4つの風を作った……

　私は氾濫を起こした。偉大な者と同じように、自らを低くする者が、氾濫によって利益を得るためだ……

　私はどの人間も、ほかの人間と同じように造った。人間が間違いを犯すようにとは命じなかった。私が言ったことに従わないのは人間の心である……

　私は、自分の汗から神々を創造し、自分の目の涙から人々を創造した。

エジプトが長く存続した理由

　エジプトは自然の境界線に守られている。西は砂漠、北と東は海である。豊壌の源はナイル川で、毎年氾濫しては、大地を再び肥やしてくれる。ゆえにエジプトは（砂漠があって）乾燥し、（川があって）肥沃であったので、農業・都市・文化が発展するためにも、それらを維持するためにも理想的だった。歴史は前3100年頃から記録されてきた。歴史家マネト（前323—前245年）は、エジプトの歴史を31王朝に分割し、この分類が基準となっている。これらの王朝は古代の中にまとめられ、古王国・中王国・新王国に分けられる。

17

ギリシアとローマ

ギリシア・ローマの宗教

ギリシアとローマの宗教はしばしば、1つの見出しの下に分類される。ローマ帝国（前1世紀から後5世紀）の統治時代に、2つの宗教があまりにも絡み合ったからである。ローマ人は帝国を統一する手段としてギリシアの文化を用いた。ローマ人のラテン語は教養言語である一方、ギリシア語は商業言語だった。宗教は多神教で、ある意味では、神々は高められた人間たちだった。神々は愛し、戦い、よいこともすれば失敗もした。神々の神話は広く知られた。ローマとギリシアとの神々は共通であったが、名称は異なっていた。

ギリシア・ローマの宗教は、西洋文化の多くの面に影響を及ぼしてきた。さらに、この宗教は、ユダヤ教とキリスト教が生まれたときの背景となった。ユダヤ教は、ギリシア・ローマ文化のさまざまな面を積極的に受け入れたが、その宗教的エートスは頑に拒絶した。キリスト教は、この宗教混淆の中で、抵抗する方策、いやむしろ成長する方策を見出さなければならなかった。

羽飾りのある兜を身に着けたアテナ。青銅製、前375年頃。

ギリシアとローマの神々

ギリシア名	ローマ名	影響力の及ぶ範囲
ゼウス	ユピテル	主神、空と天候の支配者、神々と人間との父（創造者ではない）。オリンポスの山に住む神々はゼウスに統治されている。
アフロディーテ	ウェヌス	愛、美、豊饒。
アレス	マルス	戦争。乱暴で好戦的な神。
ヘルメス	メルクリウス	商人と貿易業者。神々の使者。
クロノス	サトゥルヌス	時間と収穫。
アルテミス	ディアナ	狩猟、豊饒、出産。
アテナ	ミネルウァ	戦争と手工芸。
ディオニュソス	バックス	穀物と果物、ぶどう酒。冥界と関連する。
ヘーファイストス	ウルカヌス	火、火山、鍛冶の炉、工芸。
ヘーラー	ユーノー	結婚、女性、出産。月とも関連し、ゼウスの妻。
ヘスティア	ウェスタ	暖炉と家、家族。ローマ市の女神。
ポセイドン	ネプチューヌス	地震、海。
ハデス	プルートー	冥界。
アポロン	アポロ	羊や牛の群れ、弓術、音楽。太陽光や光、医学や治療とも関連する。
デメテル	ケレス	穀物と作物。

ギリシアの宗教

ギリシアの宗教の中心的な儀式は、神々へ犠牲を捧げることだった。こうして神々を宥めたり、神々の好意を勝ち得たり、単に感謝を捧げたりしたのである。これには動物の屠殺を伴い、犠牲は食された。生活のすべてに宗教がしみ込んでいて、人が神々に果たすべき義務も、日常生活とは切り離せなかった。祭司はたいてい都市の行政官でもあり、市民としての役割と宗教上の役割との間には、区別がほとんどなかった。

半神人という範疇もあった、これらは英雄たち、つまり神とされた人たちであり、都市や一族の偉大な功績にしばしば関わっていた。英雄はたいてい死後、他の人と区別され、神格化されて、英雄を称える神殿が建てられた。アキレウスとヘラクレスは、よく知られた英雄である。

ギリシア人は知恵への愛――philosophia――すなわち哲学を持っていた。哲学的な思想は、数学・論理学・政治学といった新興の学問だけでなく、宗教とも重なっていた。ピタゴラス、アリストテレス、ソクラテス、プラトン、ヘラクレイトス――これらの人物と他の多くの人々は、「真理とは何か。現実とは何か。どのようにしたら、意味のある存在になれるのか。どうやって知ることができるのか。どのように神と関わるべきか」という「大問題」を尋ねる（また答えを出す）ことによって、地球全体に広がる文明や文化を形成した。

ローマの宗教

　ローマの神々はギリシアの神々と似ていたが、ローマの宗教思想はいささか異なっていた。これらの思想はヌーミナ――あらゆるものを貫き、導く霊的な力――と関係があった。神々は、畏敬の念を起こさせる、神秘的な霊のようなものだった。ヌーミナが確実に人類に好意的になる（そして好意的であり続ける）ように、ローマの市民生活の全体が調整されていた。例えば、3月（March）は、マルス（Mars）神に犠牲を捧げる儀式をもって始まった。馬・武具・ラッパといった戦争の道具を、マルスが祝福してくれるためである。それゆえに市民生活と宗教生活とは、互いに織り合わされていた。市民生活における美徳は、公の宗教儀式と関係していた。有徳な都市行政官の任務には、平和を維持し、公の事業・設備を維持するだけでなく、神々への正しい犠牲を、適切な時期に確実に行うことも含まれた。

　ギリシア人のように、ローマ人は広範囲にわたる神話と伝説とを持っていた。都市の中心には神殿があり、エフェソスにあるギリシアのアルテミス神殿が、その好例である。何世紀にもわたって、ローマ皇帝は自分が神であると主張してきた。これは、当時としては珍しいことではなかったが、「カエサルは主である」という信条告白は、「ローマ人」と「非ローマ人」とを区別するための証言となった。

今日でも使われている、ギリシア・ローマの宗教から生まれた概念

- ■コスモス（宇宙）　宇宙全体。秩序のある統一された全体。
- ■ホロコースト（大虐殺）　ひとりの神か神々に動物を捧げる全焼のいけにえ。
- ■ヒュブリス（傲慢）　神々と等しくなろうという欲望によって明らかになる過度な自尊心。破壊をもたらすことが多い。
- ■ロゴス（言葉）　理性。宇宙を支配する原理。キリスト教では、ロゴスを（「ことば」として）イエス・キリストと同一視している。
- ■ミステリア（奥義）　神秘。あるいはイシス、エレウシス、ミトラスといった密儀宗教。この奥義の啓示は、イニシエーションの諸儀式を通してのみ示される。
- ■ミュートス（神話）　物語。特に神々について説明する権威のある物語。
- ■ヌーメン（精霊）　細流、森林、山、神聖な場所とたいてい関連がある。神聖な力。
- ■フィロソフィア（哲学）　文字どおりには、知恵への愛。人々が人生を乗り切るために身につける思想体系。例えばストア主義や新プラトン主義。
- ■レリギオ（宗教）　私たちを神々に結びつけるもの。宗教。
- ■テオス（神）　神格。至高の存在としての神。

世界の七不思議の1つ、アルテミス神殿はエフェソス（現在のトルコ）にあった。この神殿は、幾多の破壊と再建とを経て、今日は基礎部分の遺跡だけが残っている（右写真）。上の絵は、画家による復元図である。豪華で広壮な神殿は、エフェソスに住む人々にとって、アルテミス礼拝がどれほど重要であったかを示している。

北ヨーロッパ

ケルト人とゲルマン民族

現代ヨーロッパ人の生活と思想とは、その起源を北ヨーロッパの「古の神々」にまで遡ることができる。ここでは2つの伝統が識別される。ケルト人（現在では特にアイルランド、スコットランド、ウェールズ、イングランドの南西部、フランスの北西部に認められる）とゲルマン民族（特にスカンジナビア人とヴァイキング）である。今日、これらの伝統が力を回復しつつある。イギリスのドルイド教や、現代のキリスト教の中に見られるケルト的な礼拝の要素、またニューエイジ運動は祭礼や儀式や象徴において、ケルトとゲルマンの両方の伝統に依拠している。ギリシア・ローマの伝統と同様に、クリスマスの伝統から一週間の曜日の名称に至るまで、この伝統の多くがヨーロッパ人の世界観と言語の中に生きている。

神話の重要性

神話と物語を記録した最初の人々は主にローマ人だったので、語り継がれて今日まで伝わっている物語の中に、幾らかの偏見が入り込んでいるのは疑いない。同様に、初期のキリスト教の宣教師も、ヨーロッパ中に広がって、さまざまな神話と民話を採録した。こうした物語の多くは、ヨーロッパの初期キリスト教のレンズを通して解釈されている。例えば、スカンジナビアの神話の多くは、アイスランドのスノッリ・ストゥルルソン（1264年没）という1人の人物によって書き留められた。物語の多くは口頭伝承であったため、ローマ人やキリスト教徒の語り手が語るときに再解釈された。したがって、これらの物語に備わっていた広い文化的な機能（娯楽・解説・祝典のようなもの）から、宗教的な側面が剥がれ落ちてしまっているかもしれない。ケルトの伝統もゲルマンの伝統も、ともに多神教であった。つまり多くの神々がいたのである。

ケルトの宗教

ローマ時代以前のケルト人（ゴール人）については、ローマ人による再解釈が幾つかあるが、ケルト人にはケルヌンノスと呼ばれる角を持つ神がいたことは明らかである。この神は雄鹿によって象徴されることもあったようで、おそらく繁殖と戦争の神であろう。その有角神は、妻を伴うこともあった。有角神の妻である地母神は崇拝され、その神秘性・活力・美しさについては、多くのアイルランドの物語がある。ケルトの宗教においては、水、特に湧き水・井戸・洞窟・聖なる叢林が重要な役割を果たした。人身御供が捧げられていたのは明らかであり、おそらく「頭部に対する祭儀」が行われていた――ケルトの芸術において、人体の頭部は大きなテーマであった。ケルトの人々は死後の世界を信じており、ドルイド僧は犠牲を捧げ、占いをし、典礼を執行した。

ゲルマン人の宗教とヴァイキング

ゲルマン民族（例えばゴート族）も、ローマ人の解釈を通して私たちに伝えられている。それによるとゲルマン人は好戦的なので、ローマ人の観察者は、戦いの神が最有力の神だろうと推測した。ここには際立った女性の神格があって、おそらくは繁殖と関連があった。女性は神聖さ・純粋さ・予感能力と関連があった。占いが一般的で、しばしば馬が用いられた。ノルウェーの神々――北スカンジナビア人とヴァイキングとの神々――はよく知られている。ウォーデン（オーディン）、トウィズ、トール、フレイとその故郷ヴァルハラについては、今日なお研究がなされている。

銀製のグンデストルップの大釜。前2世紀製のケルトの儀式容器。内側の左には、動物の王ケルヌンノスがいる。

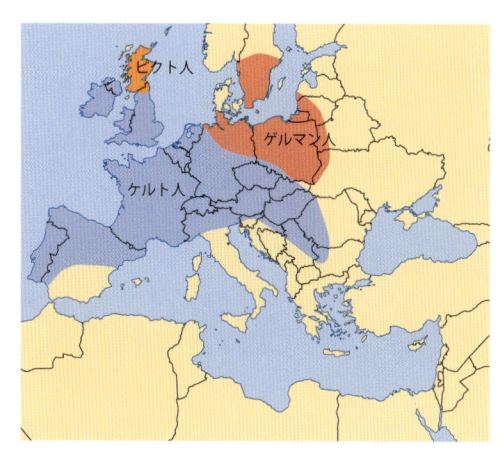

ノルウェー神話のヴァン神族

ノルウェー神話の「より小さい」神々で、維持や再生に広く関連している。

■ニョルズ──風と海を支配する神。

■フレイ──ニョルズの息子。雨と太陽との神で、豊穣とも関連する。英語の金曜日 Friday はフレイにちなむ。

■フレイヤ（フリッグ）──オーディンの配偶者でフレイの姉妹。愛と繁殖の女神でもある。

■ヘイムダール──神々の見張り人。

その他のノルウェーの神々

さらに、その他の神々がいる。ティワズ（テュールとも。英語の火曜日 Tuesday）は立法者であり、ワルキューレたちは戦争におけるオーディンに仕える乙女たちで、殺された戦士たちをヴァルハラへと運んだ。そこはオーディンの壮麗な広間である。ヴァルハラは一種の天国で、戦死した戦士たちはそこで報酬を受けたので、壁には金の盾が立てかけてあった。また広間は神聖な動物や木々で囲まれていた。ヴァルハラは今日のポップ・カルチャーに霊感を与え、その影響は芸術・地名・テレビゲームに至るまで、多岐に及んでいる。

ノルウェー神話のアサ神族

アサ神族はノルウェー神話の「活動的な」神々である。ヴァン神族に対抗して戦った、一連の神話上の戦いにおいて勝利した。戦争が終結し、神々が統一された後でも、アサ神族は戦争との関連を保っている。

■ウォーデン（オーディン）──（ノルウェーの人々の間で）南ではウォーデン、北ではオーディンと呼ばれていた。すべての神々の父であり、戦争の神であったので、特に戦士や族長に礼拝された。英語の水曜日 Wednesday（文字どおりは「ウォーデンの日」）はこの神にちなんでいる。

■トール──オーディンと並んで、最もよく知られた神である。雷の神で、大きな金槌を持った姿で描かれる。神々の中で最強であり、豊穣の神でもある。（これが「トールの日」、すなわち木曜日 Thursday の由来である）

■バルドル──オーディンとフレイヤの息子。美と聡明の神。

■ロキ──悪戯好きの神、怪物たちの父。

ゴットランド島のサンダで発見された、絵の刻まれたヴァイキングの記念碑。オーディンの息子トールの英雄伝説（サーガ）を表している。製作年は後10世紀以降とされる。

21

インダス文明

ハラッパー人とアーリア人

ハラッパー文明（前3300—前1300年）はインダス渓谷地域、現在のパキスタンに位置していた。1922年以来、ハラッパーとモヘンジョダロで発掘がなされ、そこには豊かで多様な文化があったことが明らかになってきた。エジプトのナイル川がそうであったように、インダス川は、強大な農業経済と洗練された都市生活にとって、きわめて重要であった。前二千年紀の半ばにハラッパー文明は、メソポタミアにあった故郷から侵略してきたアーリア人の手に落ちた。このように、ハラッパー文化にアーリア文化が付加されたために、宗教信条と宗教行為が混ざり合った。そこから現れたヴェーダ宗教は、ヴェーダ文書の上に築かれ、バラモン教として知られるようになった。バラモン教は南アジア亜大陸の主要な世界観になった。バラモン教は今日のヒンドゥー教の根源である。

ハラッパーの宗教

生活はインダス川に左右されているため、宗教は豊饒をもたらす自然のサイクルと関連があった。水は清めの儀式と純潔とに関連した。古代の神殿都市には、広大な水浴場が幾つも見られた。生活そのものが川に依存していたので、川は神聖だった。網目状に構築された、高度に発達した下水道設備からわかるように、儀式的な清潔さは常に優先され、水は重要であった。

市民生活と宗教生活が嚙み合っているのは、普通のことであっただろう——おそらく「神聖な王権」もあったに違いない。後期ヒンドゥー教の神々は、ハラッパーの神々から由来したという証拠もある。発掘調査で出土した、胸部の強調された女性像は、繁殖の女神であることだけでなく、母権制社会であったことも示唆しているだろう。男根の勃起した神の座像（おそらく瞑想中のヨガ行者）は、ヒンドゥー教のシヴァ神の初期の形態でありうるだろう。女神を伴うこの像は、シヴァ神とその配偶者シャクティになぞらえることができる。ハラッパー文明で作られたほかの男性像には、3つの顔がついていて、角が生えている。あたかもヒンドゥー教の神々ブラフマー、ヴィシュヌ、シヴァの三神一体像（トリムルティ）のようである。

下：インダス川流域の眺望。ヒマラヤの雪解け水とアジアの季節風で増水するインダス川の、絶えることのない、幅広い流れのおかげで、ハラッパーの人々は洗練された文明を維持することができた。
右上：クリシュナとラーダの愛を祝うホーリーの春祭り。ヴェーダ文書の教えによれば悪魔の力を破壊するという大篝火で始まる。
右：ベトナムの踊るシヴァ神。シヴァ神はインダス文明の宗教から発祥したと考えられている。

参照箇所
ヒンドゥー教、33—37頁

アーリア人の「侵入」

　ハラッパー文明をアーリア人が力ずくで追放したというよりは、おおよそ500年以上をかけて、ハラッパー文明の中にただ浸透していっただけだろう。おそらく森林が減少したために、ハラッパー人は大いに攻撃されやすくなり、衰えていった。アーリア人はおそらく遊牧民であり、少なくとも家畜の世話や移動生活を苦にしなかった。ハラッパー人は東と南に押し出され、現在は、子孫が南インドに在住している。アーリア人は自分の文学を持ち込んだ。これが今日、ヴェーダとして知られ、ヒンドゥー教の最古の経典として認められている。それどころか「ヴェーダ教」あるいは「ヴェーダの宗教」は、ヒンドゥー教の一種であり、経典に基づく強固な宗教的実践を重視する。また非常に保守的であり、原人プルシャの4分割に基づくカースト階級制度を支持している。

水と火

　ヴェーダの神々は自然の現れだった。雷と戦いの神インドラは主神である。火の神アグニは今日なお礼拝されている。ヒンドゥー教において、火と水は主要なイメージである。ヴェーダの宗教は儀式中心で、王権と結びついている、火と馬の犠牲はよく知られている。火は天と地を繋げ、また人と霊的な存在であるデーヴァ（神）とを繋げる。火はこの世と神の領域とを作り替える。このように、ソーマ（幻覚を起こさせる飲料）といった特徴のあるものと並んで、火・水・犠牲・豊饒はハラッパー人とアーリア人の宗教の要素を構成した。この要素はやがて東へ、現在のインドへと広がった。またバラモン教、それからヒンドゥー教の伝統が興ったのも、この要素からである。ヴェーダ文書を扱う祭司はヒンドゥー教のカースト制度の頂点にいるバラモンであり、自分以外の人々に、この発展しつつある考え方を伝えていた。バラモンは祭司として火の儀式を執り行い、王に助言し、王位継承も左右した。

ダルマとカルマ

　前700年代までには、正しい儀式と犠牲とを捧げれば、神々を動かすことができる、と広く信じられていた。ヴェーダ文書は、ダルマ（義務・徳）とカルマ（業・宿命）という思想も教えてくれた。この両方は、誕生・死・再生という循環である輪廻の中で具体化される。サンスクリット語はこの時期に発達し、多くの宗教文学作品が生まれた。このように現代ヒンドゥー教の多くについて基礎が敷かれ、実際、南アジアが今日呼吸している宗教的かつ文化的な空気のほとんどの基礎が据えられた。

アフリカの宗教

多様性と共同体

アフリカの宗教は、その大地と同様に多様である。アフリカの宗教は植民地時代（19世紀と20世紀初期）に、多くの面でキリスト教の影響を受け、それ以前にはイスラム教の影響を受けた。16世紀から19世紀にかけて、大西洋奴隷貿易が行われた間に、アフリカ人の奴隷は自分の宗教的な信仰を新世界へ持ち込んだ。植民地政策が終わり20世紀になって、アフリカが発言力を強めると、アフリカの諸宗教も活力を回復した。原始宗教に共通の主題が現れた。つまり王国は強い農業基盤を必要とし、したがって王は豊饒の責任を負ったので、豊饒と王権とが結びつけられた。適切な儀式と犠牲の奉献を確実に行うことによって、王は地上的であると同時に神的にもなり、少なくとも祭司的になる。

人になる

名前がつけられるまでは、人は人でない。しばしば先祖に敬意を表する名前が子供につけられるまで、つまりは子供に人格が与えられるまでは、嬰児殺しは過ちとは見なさない。それから「新しい人」は先祖の性質、資質、将来の地位を受け継ぐ。共同体の一部でない者は、人とは見なされない。村から追い出されることは、生命を脅かす流刑であった。

神々と精霊

アフリカの宗教は、多くが多神教である。多くの部族が、唯一の至高の存在を認めてはいるものの、その至高の存在は遠くにいる。神の力は、プリズムを通した光のように、地域に土着している神々を通して屈折して体験された。土着の宗教は、祭司・預言者・占い師・信仰療法師によって仲介されている。病気の癒やしが主な働きであり、神々は病気を通して人々に語ると考えられている。全快した人物は、語りかけた神の語り部として働くことができた。

共同体の重要性

アフリカの宗教は一般的に、一群の聖典を通さず、口承によって受け継がれた。ゆえに先祖の権威は重要であった。また繁殖も重要であった。結婚して子を持たなかったら、どうして先祖になって、この物語を伝えられるだろうか。象徴芸術が普及していて、仮面、ボディー・ペインティング、ボディー・ピアス、小さい人形や塑像はみな、部族に伝わる宗教的な物語を承認し、後世に伝える役割を果たしてきた。それらのものは物語を体現している。

共同体の中で宗教は表現された。ある年齢（たいてい思春期）に達すると、通過儀礼を受けて共同体に加わり、宗教的な祭礼や儀式に参加するようになる。成年儀式——割礼、ある文化においては陰核切除——の後には結婚し、妊娠した。これらすべては共同体を存続させるためだった。共同体には、一般的に3、4世代前の先祖も含まれた。先祖は生きていて大いに情け深く、共同体が何らかの決断をする際には相談しなければならない。先祖は宗教的な世界観全体の一部になっている。こうして共同体は、同じ物語を語る人々によって定義される。

ヨルバ人の神殿の木像。母子をかたどっている。基部には繁殖の場面が描かれている。19—20世紀のナイジェリアの作品。

● 参照箇所
ヨルバ人の宗教、96—97頁

　神々と精霊とは、人間の範疇の中で考えられている。宗教は日々の問題を取り扱う傾向があり、ゆえに「この世的」である。創世神話はたいてい原初の秩序について語る。しかし創造の過程で、この秩序は乱されてしまう。最も目立つのが、死によって乱されることである。地形にも霊的な資質や力が宿っている。地形の特徴も神であり、人のように振舞う。このような神を体験するのは重要である。人は夢の中で、神の意思を知ることができる。
　もし死という主題と無秩序という脅威とが猛威を振るっているならば、葬儀と服喪は正しくなされなければならない。この新しく先祖に加えられた者は今や、うまく守護霊になるかもしれない。死者は敬意をもって扱わなければならない。総じて、共同体（先祖を含めた）の安寧を守るために、人々の行動は調和を促し、分別があり、秩序がなければならない。

「携帯できる（portable）」宗教

　アフリカの部族の多くは遊牧民である。あるいは、少なくともある程度の移動を繰り返す。そのために宗教は携帯できなければならない。アフリカには、大規模で常設の神殿はほとんどない。その場かぎりで即席の神殿が普通である。神殿とはいっても、特徴のある地形に装飾を施したものでよかった。その地形が重要になるのは、その場所が物語の中で重要な位置を占めていたり、そこで癒やしのような重要な出来事が起こったりしたからである。携帯する必要があるので、時に神殿は非常に小さく、例えば下の写真にある19世紀ナイジェリアのイケゴボ神殿のようになる。犠牲も捧げられるであろう。物語を語ることは、儀式や芸術といった形にまで高められ、舞踊や音楽も伴った。こうして宗教的な物語を伝えるのである。

マリ中央にて。宗教を司る人ホゴンに似せて刻まれた木像で、氏族の家の中に置かれている。ドゴン族の先祖を守るために働く。

死の理由

　アフリカの物語の多くは、死と無秩序の脅威とについて語っている。アフリカの諸宗教に共通の神話があって、それは至高の存在が、カメレオンのようなゆっくり動く動物によって永遠の命を送るという話である。しかしその動物の動きがあまりにも遅いので、至高の存在はもっと速い使者——とかげ（あるいは野うさぎ）を送った。しかし、これは人間に死を知らせるための使者だった。速い動物の知らせのほうが、カメレオンに勝ったので、人間は死に服従することになった。

儀　式

　宗教儀式において、きわめて顕著なのは犠牲である。羊・山羊・牛・鶏の血は生命力の象徴であって、悪を払い除ける。犠牲は人間と神とが交流する手段である。季節の祭礼、戴冠式、癒やしの儀式やその他の儀式は、アフリカ全土で見られる。神から授かったと信じられている聖なる音楽が普及している。

25

シャーマニズム

恍惚の宗教

シャーマニズムは、主にシベリア（特に東シベリアのツングース）やアジア北部や中央アジアと結びつけられるが、多くの他の文化においても見られる。朝鮮半島、モンゴル、アメリカ先住民、チベット、アフリカの一部、南アメリカの一部の宗教には、シャーマニズムの要素がある。シャーマニズムの起源は太古に遡る。シャーマニズムは知られているかぎり、最も古い宗教的信仰表現の1つであり、シャーマンが動物や精霊を連れて旅をしている様子を描いた洞窟壁画がヨーロッパにある。これらの壁画は前30000年頃のものである。

シャーマンが中心である

シャーマンとは「呪術医」や「祈禱師」であると、よく誤解されてきた。病を癒やす者として働くことも多いが、シャーマンはそれ以上の存在である。シャーマンは先見者、つまり存在のもう1つの領域を見通すのである。

シャーマンは実際、預言者あるいは祭司のような人物で、霊的なカリスマや、幻や夢による召命や、世襲によって、この地位を得る。シャーマンはこの世とあの世の仲介者として働く。シャーマンは専門職だが、シャーマンが必要とされないときには「普通の」仕事や役割を共同体の中で担っている。シャーマンたちはおそらく、過酷なイニシエーションの課題をこなさなければならなかった。その中には、重病から奇蹟的に回復することも含まれていた。

シャーマンはしばしば部族のトーテムとしての動物の助けを借りる。その動物は部族の祖先であり、その部族はその動物の子孫だと信じられている。狼と鷲は、北アジアのシャーマニズムでは共通のトーテムとしての動物である。その動物の特徴──つまり力・知恵・繁殖力・狡知・強さ・速さ──をシャーマンは吸収する。こうしてトーテムとしての動物はシャーマンを助けるのである。

シャーマンはしばしば部族にとっての門番であり、その部族の伝説を保持している。シャーマンは呼び出されて、指導を授けるように求められた。例えば、どこで漁や狩猟をすべきか、シャーマンは命じることができた。

エクスタシーとトランス

シャーマンのお告げは、しばしばトランス状態に入ることによって獲得される。そのためには洗練された長い儀式の助けがしばしば必要だった。そうして高揚した霊的エクスタシーの状態に達することが重要である。これにはドラッグや、血管の圧縮や、リズムに乗って鳴らす太鼓の助けを借りることもある。ある文化では、精霊がシャーマンに入り込み、憑依するといわれている。

トランス状態の中で、シャーマンはあの世へと霊的な旅をして、お告げや、病を癒やす香油や、命令を霊的な存在から得てくる。この旅には、儀式やトランス状態における死や復活が伴うこともある。シャーマンはこれらのお告げを携えて帰ってきて、トランス状態のまま人々にお告げを語る。これらのお告げは熟練した助手が通訳する。シャーマンは事後、何が起こっていたのかを覚えていないようである。

このシベリアのトゥバ人のように、シャーマンはたいてい色鮮やかな衣装を着て、工芸に携わる。衣装は、部族のトーテムとしての動物の毛皮か羽根で装飾されている。

参照箇所

原始宗教、12—13頁
アメリカ先住民の宗教、30—31頁
アンデスの人々、32—33頁

仏教、50—51頁
ニューエイジ運動、118—119頁

チベット仏教は、ボン教と呼ばれるチベット古来のシャーマニズムの宗教と、インド伝来の仏教とが混交したものである。インドに亡命しているチベット人共同体には、国家の神託を伝える人──ネチュン神託官と呼ばれるシャーマン──がいる。1959年にダライ・ラマが無事にチベットから避難したのは、このシャーマンの助言と助けとによる。写真の場面は、インドにあるネチュン僧院で行われたチベット仏教の式典の様子。

三重構造の宇宙

シャーマニズムには天界、中間の世界（現世）、冥界がある。この三重構造の世界は、一本の世界軸でまとめられている。世界軸とは地形のようなもので、あたかも重要な山か巨木のように、3つの世界すべての中心を貫いている。目に見える地形は、存在の3つの層を繋いでいる。例えば、井戸・泉・洞窟は冥界から現世へ通じる通路である。山々は現世と天界を繋ぐ道である。それどころか、空に向かって伸びるあらゆる物体は、現世と天界を繋ぐ重要な物になりうる。木、高い建物、山頂、電柱は、すべて使われる。人々は2つの領域を繋ぐ物として塚（ケルン）──人工の山──を築く。山道や山頂にある塚は、自然の高所をさらに高くする。こうした塚は、シャーマンが行き来することのできる通路、または象徴的で儀式的な道として機能する。

モンゴル人とテングリ

モンゴルのハーンたち（後13世紀）はシャーマニズムの信者だった。ハーンたちは擬人化した空をテングリと名づけ、信奉していた。テングリはハーンの運命を管理し、チンギス・ハーンに世界を征服するための権限を与えた。中央アジアの草原地帯ステップに居住する遊牧民のすることはすべて、永遠の空ムンク・テングリの配慮の下にある。シャーマンは召し出されて、テングリに向かう霊的な旅をし、テングリの意思をモンゴルの人々に伝える働きをするようになった。今日のモンゴルでは、宗教はテングリ教と仏教の混合である。仏教徒の祈禱旗が、オボーと呼ばれるシャーマニズムのケルンを飾っている。モンゴル人にとっては、馬・狼・雌鹿はトーテムであり、チンギス・ハーンの霊に捧げる儀式は今日なお続いている。チンギス・ハーンの霊は、9つの馬の尾を持つ旗で表現されている。

欧米社会のシャーマニズム

1960年代にシャーマニズムは、特に北アメリカの装いで、当時のドラッグ・カルチャーやカルロス・カスタネダの著書の中で復活した。1968年にカスタネダは『呪術師ドン・ファンの教え』を出版し、その中でカスタネダが行ったシャーマニズムの修行を記録している。その師匠は、メキシコとアリゾナに居住するヤキ族の「知者」ドン・ファン・マトゥスであった。この本は直ちに一部の人々から熱狂的な支持を得た。

今日、シャーマニズムは、ニューエイジの信仰と実践とにとって重要な要素となっている。霊的な旅というモチーフ、健康であることや癒やしへの渇望、瞑想と恍惚とについての体験があり、こうした力を働くために男女の性別を問わないからである。さらにニューエイジでは、古ければ古いほど、権威があると見なす傾向があるので、古代からあるという理由で、多くの人々がシャーマニズムに惹かれている。

27

太平洋とオーストラリアのアボリジニ

メラネシア、ミクロネシア、ポリネシアの宗教

南太平洋には、2つの大きく異なる宗教の伝統がある。1つは太平洋の島々に住む人々の伝統であり、ここにはメラネシア、ミクロネシア、ポリネシアの部族が含まれる。今や群島の多くがキリスト教に強く影響されているが、表面下には生き生きとした原始宗教の文化がある。

もう1つの主な宗教の伝統はオーストラリアのアボリジニの伝統である。アボリジニの宗教的世界観は独特で、多くの点で、太平洋の近隣の人々の宗教的世界観とは、かなり異なる。アボリジニの宗教は、最も古い宗教の1つと考えられている。素人の目には「原始的」に見えるが、アボリジニの宗教は他の宗教と同じように洗練されている。

太平洋の島々

過去約1000年以上にわたって行われた移住のために、太平洋の諸民族は、世界観と宗教行為とにおいて共通点が多い。大洋は広大で、島々は小さく、植生は豊富である。このようにして遠洋航海、距離、移民、周密な植生のすべてが太平洋の宗教信条を伝えてきた。

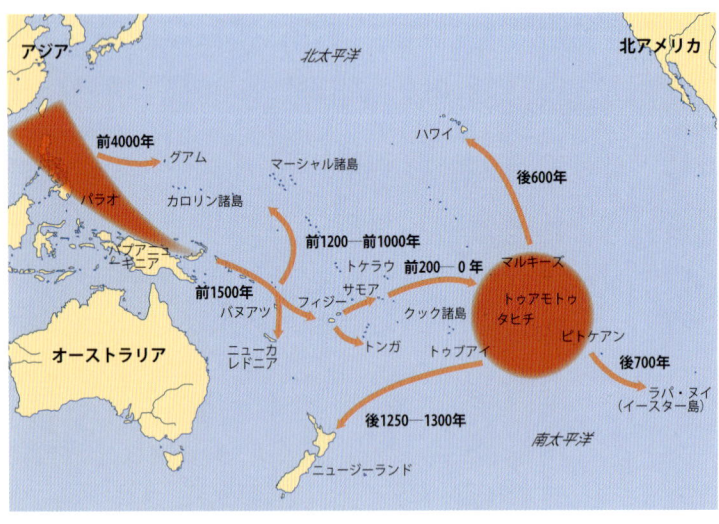

太平洋の移住の様子を示す地図

右上：儀式の装束を身に着けたパプアニューギニアの男性。太平洋のトーテムの多くは鳥である。この男性は、パプアニューギニアに何千種とある鳥類の1つに扮している。

宗教信条

物理的な世界と霊的な世界の間には区別があるものの、それらは絡み合っている。霊はあらゆるものを貫いている――太平洋の宗教には根本的なアニミズムがある。祭礼では、大地の諸霊の姿に扮することが必要になる。例えば、人々は鳥の羽根で自らを飾る。シャーマニズムと同様に、トーテムという概念が優位を占めている。

太平洋の宗教では、神話と儀式が最も重要であり、創世神話と英雄神話がある。家系は優先される。系図は先祖の業績を称えている。広大な距離を旅して、居住民にアイデンティティーを与えてくれたからである。ある先祖、特に部族の始祖になった先祖は、部分的に神格化されている。神々自身がしばしば部分的に人の性質を持っている。例えばマウイ（神話上の半神半人）は、カヌー（ニュージーランドの南島）に乗って、ニュージーランドの北島を釣り上げた。大地と場所とは聖なるものとされている。例えばマオリでは、ウェヌア（whenua）という言葉は「大地」と「胎盤」の両方を意味する。胎盤が胎児に滋養を与えるように、大地は滋養を与える。したがって両者とも命を与えるゆえに、両者とも神聖なのである。

● 参照箇所
原始宗教、12—13頁
シャーマニズム、26—27頁
アメリカ先住民の宗教、30—31頁

女性の地位

　人間は別世界ですでに存在していて、現世に旅をしてやって来る。それゆえ、女性はこの世に人間をもたらす者として尊重される。女性は、しばしば儀式、式典、共同体の儀礼で高い立場を有している。死者の霊は旅立って大洋を越え、神話上の原故郷ハワイキ（名称はさまざま）へと向かう。

オーストラリア大陸

　太平洋諸島とは対照的に、オーストラリア大陸は広大で、暑く乾燥していて、降雨が少なく、川がほとんどない。オーストラリアのアボリジニの世界観は、広大な風景によって大いに形作られた。この風景には、外見も動き方も他の地域では見られない、独特の動物が棲息している。太平洋の先祖は広大な大洋を越えて渡ってきたのに対し、アボリジニの先祖は膨大な距離の大地を「渡ってきた」。

ドリームタイム

　ドリームタイムとトーテム信仰は、アボリジニの人々の主要な宗教信条である。ドリームタイムとは遠い昔のある時代であって、そのときに神々が大地を歩き、土地・動物・人間・社会を形作った。環境が苛酷だったので、人間と動物とは創意工夫を重ねながら、生き延びなければならなかった。オーストラリアの動物は外見も活動も独特で、カンガルーは跳躍し、とかげは疾走し、おうむは大袈裟な鶏冠を着けている。だから、そこに住む人間もそのようであるに違いない。そのような躍動やきらびやかさがアボリジニの儀式の特徴である。風景を横切るドリームラインは霊的な通り道であって、人々を狩猟へと導く。ドリームタイムは今なお人々の暮らしに生きている。
　それゆえにアボリジニには「自然環境心霊主義（eco-sychism）」、つまりアボリジニは霊的な仕方で大地と結びついているという考え方がある。しかしその考え方は、アボリジニと共にオーストラリアに住み、今や人口の大半を占める植民地政策後の子孫から誤解されることが多い。ドリームタイムの霊は、アボリジニをその氏族と繋ぐ。繁殖の儀式は重要で、ある創世神話では繁殖、性交、永遠の妊娠の物語が主要である。この苛酷な自然環境の中で、ドリームタイムの大地に住み着くためだけに、この苛酷な環境に生まれる子供が必要なのではない。儀礼を引き継ぐためにも、子供が必要である。こうして大地が繁栄し、諸霊が友好的になり、特に動物の霊が人に好意的になるのである。
　それで、アボリジニの霊的な目には、オーストラリア自体が、ドリームラインが縦横無尽に走る神聖な場所として映っている。ドリームラインは、1つの統一された場所を形作るものとして、さまざまな遊牧部族の間でよく知られている。ドリームタイムの諸霊は大地に浸透して、神聖な地形に意味を与える。神聖な地形のそれぞれに、独自の物語がある。

ウルル（エアーズロック）。オーストラリアのウルル国立公園。中央オーストラリアのアナング族はウルルを創世神話と結びつけている。

大首長のマナ。ニュージーランドのマオリ族によって、美しく彫刻された標柱の中に描かれている。

ポリネシアのタプとマナ

　ポリネシアのタプの概念は、何か禁じられたもの、危険なものを意味する。英語の「タブー」はこの言葉に由来する。タプには、神聖さや純粋さといった意味合いも含まれている。
　マナは力である。これは、ある地形が神話の中で重要な役割があると、そこに宿る力である。またマナとは、首長に宿っているカリスマ的な力とか道義心を指していうこともある。マナは与えられたり、取り上げられたり、破壊されたりすることがある。タプは濫用され、侮辱されることもある。高いマナを持つ人物は、タプ（神聖と禁忌）を高め、何かを通常に戻し、死や悪霊に汚されたような場所へ再び接近できるようにする。

アメリカ先住民の宗教

自然と精霊の世界

北アメリカ先住民の伝統的な宗教は極端に多様である。アメリカ先住民は長らく虐げられてきた歴史があるために、先住民の伝統的な宗教を正確に理解するのは生易しいことではない。植民地政策では、しばしば先住民はキリスト教への改宗を無理強いされ、また政府の政策によって多くのアメリカ先住民は特別保留地の中に押し込まれた。しかし植民地時代後となった今、最初に住んでいた先住民の物語は、以前より公平な態度で聴いてもらえるようになった。先住民の豊かで生き生きとした文化と宗教とへの認識は深まっている。こうしたことと、ニューエイジの心酔者がシンボルや神話や霊的技法を求めて、アメリカ先住民の伝統を掘り起こしていることが相まって、アメリカ先住民の宗教に新たな機運が高まっている。

カナダのイヌイットの長老。あざらしなしでは、イヌイットの生計は非常に不安定になる。イヌイットのシャーマンは、海の女神タカナルクに狩猟のためにあざらしを「解き放つ」ように呼びかける。

重要な自然

アメリカ先住民は自然界と親密に繋がっている。オーストラリアのアボリジニの信仰と同じように、大地そのものが神聖であり、超自然的な意味を持っている。狼・鷲・水牛・ピューマ・わに・コヨーテのような、ある種の動物はトーテムで、霊的な意味を有している。アメリカ先住民の宗教には感謝の念が浸透している。木が切り倒され、水牛が殺される際、先住民はそれらの霊に謝罪する。

神、唯一の偉大な霊

創世神話では、動物と人間がどのようにして存在するようになったかが説明されている。ポーニー族では、偉大な霊ティラワハットが秩序のある宇宙を創造した。イロコイ族の世界は、双生児──１人は善いトリックスターで、もう１人は悪いトリックスター──によって創造された。幾つかの部族では、創世神話はその部族が依存している動物に直接関係している。例えば、カナダ北部のイヌイットは水の下にいる女神タカナルクの存在を信じている。もしイヌイットが禁忌を犯さなければ、タカナルクは狩猟のためにあざらしを「解き放つ」。あざらしが捕らえやすいことに比べれば、あざらしの創造はそれほど重要ではない。宇宙には秩序があり、階級がある。しかし神話の登場人物は──例えば創世神話に出てくるトリックスターの双生児のように──、しばしば無秩序な人間性を反映している。

カナダはバンクーバーのスタンレーパークにあるトーテムポール。優位を占めている鷲の像は、知性と才覚を象徴している。

儀式と礼典

本質的には、アメリカ先住民の文化はシャーマニズムである。シャーマンはこの世とあの世の架け橋である。より一般的にいえば、人自体が精霊と自然の間を仲介する。宇宙の調和──今ここにある物理的な自然と霊的な世界との関係──は人間によって決められる。儀式には、以下のような幾つかの共通要素がある。

- ■ リズム──太鼓と舞踊、詠唱と歌とを使う。
- ■ 自然の周期──夏至冬至や春分秋分、種まきや収穫のための祝典、狩猟の前後に行う儀式。
- ■ 通過儀礼──最初の一歩、思春期と結婚に関する儀式。
- ■ 禁忌（タブー）──日常生活において成功（特に狩猟と戦い）するためには、禁忌を避けることである（間違った行いを避け、適宜に精霊を宥める）。
- ■ 精霊──生活を支援してくれる独自の守護霊と関係がある。

> ● 参照箇所
> 原始宗教、12─13頁
> シャーマニズム、26─27頁
> 太平洋とオーストラリアのアボリジニ、28─29頁

ウーンデッド・ニーの戦いで負傷した戦士

祝祭パレードで踊るアメリカ先住民

戦　士

　戦士たちの文化は全世界共通である。ここには死後の命が暗示されている。潔く死ねば、よりよい死後の生活が待っている。現世の人生は、死後の人生のためにどれだけ備えているかを試される場所である。英雄として死ぬならば、部族の伝説の中で名を残す。無敵の戦士たることが求められた、スー族の戦士ブラック・エルクはウーンデッド・ニーの戦い（1890年）で「ゴースト・シャツ」を着用した。エルクは次のように回想している。「常に弾丸は私の周りをすれすれに飛んでいたが、私は傷つかなかった。恐れもしなかった。銃撃戦の夢の中にいるようだった」

　「ゴースト・シャツ」という考えは、ある先祖の霊によって強められ、守られることを暗示している。死者は幽霊として戻ってくることができるという信仰は一般的である。すべての部族が何らかの形の死後の世界を信じているのに対して、ある部族では、再びある種の身体に転生することについて、より明確な信仰がある。

形と数

　アメリカ先住民の宗教的な世界観は、形をどう使うかによって理解できる。これらの形は互いに噛み合って、1つの全体を意味する。幾つかの数字にも、特別な意味があると理解されている。

- ■円は全宇宙を取り囲んでいる。その中心には偉大な霊がある。
- ■円は波線によって分割されている。そこには対称的なもの（男性／女性、光／闇）があるが、それらは対立してはいない。互いに補完し合うことが評価される。
- ■三角形は「ギブ・アンド・テイク」の倫理を象徴し、その角は人間の必要、霊的な力、礼典行為を象徴している。モホーク族にとっては、もし穀物が枯れるなら（人の必要）、雨乞いの踊りをして（礼典行為）、雷神が雨を送ってくれる（霊的な力）。
- ■数字の「4」は神聖である。例えば、4つの季節、4つの方位、4つの要素（土・空気・水・火）、4つの徳（寛容・勇気・尊重・知恵）がある。
- ■数字の「7」は、多くの文化にとって重要である。アメリカ先住民の間では、重要な先祖の数を象徴していたり（オジブワ族）、あるいは重要な儀式の数を象徴していたりする（ラコタ族）。

スウェット・ロッジの儀式

　多くの宗教的な伝統は、浄化・霊的革新・癒やし・再生に関係している。北米平野の部族（ブラックフット族、シャイアン族、アパッチ族、その他）は、こうした理想が体験できる場所として、一時的な「スウェット・ロッジ」を建てた。骨組みで立てる今日のテントのようなもので、外枠として柳の枝を曲げ、動物の皮で覆ったものである。結果的にできたドーム型は宇宙を象徴する。ロッジ内に置かれた熱い石に水を注ぎ、人が入ると、事実上サウナになる。母なる大地との関係を強調するため、時にロッジは半地下に作られた。通過儀礼として使う場合には、ロッジは人を、唯一で偉大な部族の霊へと近づけた。これは、モンタナ州にあるクロウ村のスウェット・ロッジの外でポーズを取る3人のアメリカ先住民の男性たち。

アンデスの人々

インカ人

アンデス山脈は、南アメリカの西側に位置し、世界最長の、途切れのない山系である。この地域の地勢は平らな平野から高山、標高の高い台地に至るまでさまざまである。16世紀のスペイン征服以前は、インカ帝国が支配していた。現在、主な民族はケチュア族で、約1100万人を数える人々がペルー、エクアドル、ボリビア、チリ、コロンビア、アルゼンチンに住んでいる。もう1つ人口が多い民族はアイマラ族（およそ200万人）でアルティプラーノ——標高3650メートル以上の高原——に居住している。

アンデスの宗教

アンデスの宗教は他の原始宗教との共通点が多い。人間・自然・神々との調和を求め、儀式は収穫と暮らしとに結びついており、通過儀礼があり、動物と人間との繁殖を願う儀式があり、精霊は地形に結びついている。パコと呼ばれる祭司あるいはシャーマンとなる人物が、占いや癒やしを行う。

インカ帝国の全盛期は1400年代中頃から1500年代中頃まで続いた。インカの世界観は二重構造だった。父なる太陽（ビラコチャ）と月の女神とは一緒に時と季節とを調整し、一方で皇帝は天空と人間との問題を併せて担当していた。人身御供が、おそらく神殿で行われていた。首都クスコは世界の中心だと信じられ、そこに住むインカ人（すなわち皇帝）は、繁殖と成功とを促すように期待されていた。首都の中央にある太陽神の神殿は、何らかの仕方で天の川に繋がっており、インカ人は、それを天国の川だと信じていた。

1530年代にスペイン人が侵入して帝国を征服した。インカ人を滅亡させたのは、優れた武器や技術だけではなかった。最終的には、天然痘や感染力の強い他の伝染病の激甚な流行が、インカ帝国を失われた古代帝国として封印することになった。

太陽神礼拝はインカの宗教行為の中心だった。帝国に富をもたらした貴金属、すなわち黄金を使って、インカ人は多くの太陽の像を巧みに作った。このペルーの遺品もその例である。

先祖と精霊

インカ社会は、彼らが神である先祖や山の精霊であるワカとどんな関係を持つかで決定づけられた。最高峰の山々は、地域のより強い神々であるアプの家だった。これらの土地の神々は雷・電・雨・風・火をもたらす責任を負っていた。神々は岩・泉・川などの地形に姿を現した。神々の存在は人々に認められ、さまざまな捧げ物をもって感謝された。

パチャママ

地母神パチャママは、インカのすべての宗教の、また現代の宗教表現においてさえ、その中心を占めている。しかしながら、スペインによる征服の後、パチャママは聖母マリヤと混交した。今日では、多くの宗教で、土着の宗教とカトリックとの2つの要素が混交している。にもかかわらず、パチャママの影響力は過小評価できない。パチャママは母親のように親密で、身近である。これは、他の原始宗教の神々とは対照的である。他の宗教では、たいてい主神が男性で、遠くにいるからである。地母神としてパチャママはあらゆる生命を維持する。パチャママは生きていて、すべての命に食物を与える。母親というイメージは強い。パチャママは養い育てる母であり、命と滋養と安全をもたらす。生きとし生けるものはパチャママによって創造されるだけでなく、実際にパチャママ自身である。

南半球の早春に当たる8月には、農耕の季節が始まる。パチャママは目覚め、種を受け入れるために備える。パチャママに好意を示し、豊かな収穫を獲るために礼典が執り行われる。コカと植物が全焼の犠牲として捧げられ、時にはラマの胎児が、動物の脂肪やコカと混ぜて捧げられることもある。飲料の捧げもの、特に地酒チチが、パチャママに感謝し、パチャママを維持するために大地に注がれる。

参照箇所
シャーマニズム、26—27頁
ニューエイジ運動と秘匿の奥義、118—119頁

重要なジャガー

インカの人々（今日のケチュア族）はトーテムとしてジャガーを尊重した。本質的にケチュア族の宗教はシャーマニズムである。そこでは世界の3つの層——天界・現世・冥界——を結びつける必要があり、シャーマンはトーテムとしての動物の力を借りて、それをすることができた。ジャガーは泳ぎが得意なので、冥界（地下水の領域）に降りることができ、また山登りも得意なので、天界に昇ることもできた。シャーマンが霊的な旅をするために、ジャガーはシャーマンに霊感を与えるだけでなく、シャーマンにとって、ジャガーはもう1人の自分でもあり、また競争相手でもある。ジャガーはシャーマンよりも速く、遠くまで旅ができるからである。ジャガーは霊的な生き物であり、ケチュア族の社会の中で神秘的な役割を担っている。

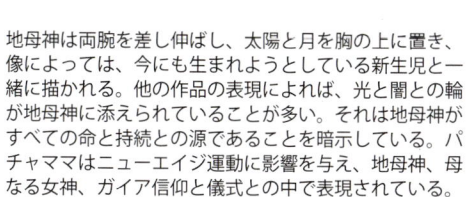

マチュ・ピチュ
ペルー南部の山中にあるマチュ・ピチュは、おそらくインカで最もよく知られた神殿都市である。標高2400メートルに位置し、皇帝の私有地だったと思われるが、その宗教機能のほとんどは太陽崇拝のためだったようである。そのうえおそらくマチュ・ピチュは、神聖な地形を暗示する、天文学的な特徴とも関連づけられていた。

コカの葉
コカの葉を、ケチュア族は絶えず噛んでいるが、天然のままならコカの葉は、疲れ・飢え・渇き・高山病を克服する弱い刺激剤である。コカの葉は軽い麻酔薬でもあり、血管を収縮させる（高山病による鼻血に効く）。またカルシウムを多く含むため、骨折にも効く。宗教儀式では、アプ、太陽、パチャママへの供物として使われる。シャーマンはトランス状態になる前にコカの葉を噛み、占いにも使う。驚くに及ばないが、コカは麻薬コカインの天然材料である。

地母神は両腕を差し伸ばし、太陽と月を胸の上に置き、像によっては、今にも生まれようとしている新生児と一緒に描かれる。他の作品の表現によれば、光と闇との輪が地母神に添えられていることが多い。それは地母神がすべての命と持続との源であることを暗示している。パチャママはニューエイジ運動に影響を与え、地母神、母なる女神、ガイア信仰と儀式との中で表現されている。

33

ヒンドゥー教

1つの生き方

ヒンドゥー教は、膨大な数の信仰と儀式とを覆う包括的な用語である。ヒンドゥー教は数千年前の古代ヴェーダ経典に根ざしている。ヒンドゥー教は8億人以上の人々にとって生き方の指針となっている。主にインドの地で養われたが、インドの人々の移住に伴って世界中に広まった。例えば、トリニダード（カリブ海）とバリ（インドネシア）は両方ともヒンドゥー教の影響を受けている。ヒンドゥー教において鍵となる概念は、アジアや欧米の他の宗教にも影響を与えている。

ヒンドゥー教には歴史上の教祖がおらず（影響力のある思想家や改革者は大勢いるが）、統一された信仰体系もない（すべての信徒が共有する信仰が漠然と蓄積されてはいるが）。例えば、「世界の何が間違っているのか、それを解決するためにはどうなるべきか」について、ヒンドゥー教徒は互いに異なる信仰を持っている。中央集権化された権威や中央組織（基準とされる経典や「教会」や教皇のようなもの）はない。1つの宗教的な言語（主要な文書はサンスクリット語だが）もない。ヒンドゥー教には、重要な中心地もない（巡礼地は多いが）。

ヒンドゥー教は、変容し続ける宗教文化、あるいは生き方として理解するのが最善かもしれない。ヒンドゥー教は、霊的かつ知的な探求であり、多様な方法で神聖なものを追求することを許している。

ヒンドゥー教の神々

民間の間では、ヒンドゥー教は多神教の様相を呈している。人々はさまざまな道（マルガ）・鍛錬（ヨガ）・哲学（ダルシャナ）を通して多くの神々を礼拝する。

3人の神（三神一体。トリムルティ）つまりブラフマー（創造者）、ヴィシュヌ（保持者）、シヴァ（破壊者）は他の神々より優位を占める。それぞれの神に女性の伴侶（それぞれサラスヴァティー、ラクシュミー、パールヴァティー）がいる。他にも多くの神々が王・修行者・舞踏家・動物として現れる。化身（アヴァターラ）は地上での神の姿である。

ヒンドゥー教徒は1人の神、あるいは多くの神々に帰依する。例えばヴィシュヌ神を礼拝する者はヴィシュヌ教徒、シヴァ神を礼拝する者はシヴァ教徒と呼ばれる。時が過ぎる中で、信仰改革が起こるたびに、さまざまな新分派が興ってきた。信仰の分派（バクティ）は後6世紀からインド全土で興った。これらの分派は人々をヴェーダ宗教の無味乾燥な儀式と厳格な規則とから解放し、礼拝者を神と融合できるようにした。バクティ・マルガ（礼拝の仕方）

三神一体、すなわちブラフマー、ヴィシュヌ、シヴァを描写している。

●参照箇所
シャーマニズム、26—27頁
ニューエイジ運動と秘匿の奥義、
118—119頁

重要なジャガー

　インカの人々（今日のケチュア族）はトーテムとしてジャガーを尊重した。本質的にケチュア族の宗教はシャーマニズムである。そこでは世界の3つの層——天界・現世・冥界——を結びつける必要があり、シャーマンはトーテムとしての動物の力を借りて、それをすることができた。ジャガーは泳ぎが得意なので、冥界（地下水の領域）に降りることができ、また山登りも得意なので、天界に昇ることもできた。シャーマンが霊的な旅をするために、ジャガーはシャーマンに霊感を与えるだけでなく、シャーマンにとって、ジャガーはもう1人の自分でもあり、また競争相手でもある。ジャガーはシャーマンよりも速く、遠くまで旅ができるからである。ジャガーは霊的な生き物であり、ケチュア族の社会の中で神秘的な役割を担っている。

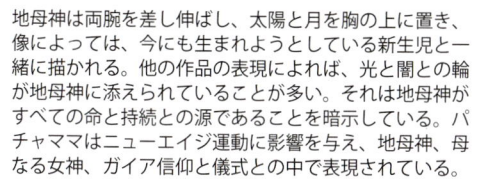

マチュ・ピチュ

　ペルー南部の山中にあるマチュ・ピチュは、おそらくインカで最もよく知られた神殿都市である。標高2400メートルに位置し、皇帝の私有地だったと思われるが、その宗教機能のほとんどは太陽崇拝のためだったようである。そのうえおそらくマチュ・ピチュは、神聖な地形を暗示する、天文学的な特徴とも関連づけられていた。

コカの葉

　コカの葉を、ケチュア族は絶えず噛んでいるが、天然のままならコカの葉は、疲れ・飢え・渇き・高山病を克服する弱い刺激剤である。コカの葉は軽い麻酔薬でもあり、血管を収縮させる（高山病による鼻血に効く）。またカルシウムを多く含むため、骨折にも効く。宗教儀式では、アプ、太陽、パチャママへの供物として使われる。シャーマンはトランス状態になる前にコカの葉を噛み、占いにも使う。驚くに及ばないが、コカは麻薬コカインの天然材料である。

地母神は両腕を差し伸ばし、太陽と月を胸の上に置き、像によっては、今にも生まれようとしている新生児と一緒に描かれる。他の作品の表現によれば、光と闇との輪が地母神に添えられていることが多い。それは地母神がすべての命と持続との源であることを暗示している。パチャママはニューエイジ運動に影響を与え、地母神、母なる女神、ガイア信仰と儀式との中で表現されている。

ヒンドゥー教

１つの生き方

ヒンドゥー教は、膨大な数の信仰と儀式とを覆う包括的な用語である。ヒンドゥー教は数千年前の古代ヴェーダ経典に根ざしている。ヒンドゥー教は８億人以上の人々にとって生き方の指針となっている。主にインドの地で養われたが、インドの人々の移住に伴って世界中に広まった。例えば、トリニダード（カリブ海）とバリ（インドネシア）は両方ともヒンドゥー教の影響を受けている。ヒンドゥー教において鍵となる概念は、アジアや欧米の他の宗教にも影響を与えている。

ヒンドゥー教には歴史上の教祖がおらず（影響力のある思想家や改革者は大勢いるが）、統一された信仰体系もない（すべての信徒が共有する信仰が漠然と蓄積されてはいるが）。例えば、「世界の何が間違っているのか、それを解決するためにはどうなるべきか」について、ヒンドゥー教徒は互いに異なる信仰を持っている。中央集権化された権威や中央組織（基準とされる経典や「教会」や教皇のようなもの）はない。１つの宗教的な言語（主要な文書はサンスクリット語だが）もない。ヒンドゥー教には、重要な中心地もない（巡礼地は多いが）。

ヒンドゥー教は、変容し続ける宗教文化、あるいは生き方として理解するのが最善かもしれない。ヒンドゥー教は、霊的かつ知的な探求であり、多様な方法で神聖なものを追求することを許している。

ヒンドゥー教の神々

民間の間では、ヒンドゥー教は多神教の様相を呈している。人々はさまざまな道（マルガ）・鍛錬（ヨガ）・哲学（ダルシャナ）を通して多くの神々を礼拝する。

３人の神（三神一体。トリムルティ）つまりブラフマー（創造者）、ヴィシュヌ（保持者）、シヴァ（破壊者）は他の神々より優位を占める。それぞれの神に女性の伴侶（それぞれサラスヴァティー、ラクシュミー、パールヴァティー）がいる。他にも多くの神々が王・修行者・舞踏家・動物として現れる。化身（アヴァターラ）は地上での神の姿である。

ヒンドゥー教徒は１人の神、あるいは多くの神々に帰依する。例えばヴィシュヌ神を礼拝する者はヴィシュヌ教徒、シヴァ神を礼拝する者はシヴァ教徒と呼ばれる。時が過ぎる中で、信仰改革が起こるたびに、さまざまな新分派が興ってきた。信仰の分派（バクティ）は後６世紀からインド全土で興った。これらの分派は人々をヴェーダ宗教の無味乾燥な儀式と厳格な規則とから解放し、礼拝者を神と融合できるようにした。バクティ・マルガ（礼拝の仕方

三神一体、すなわちブラフマー、ヴィシュヌ、シヴァを描写している。

● 参照箇所
インダス文明、22—23頁

は、ヒンドゥー教の宗教行為の中間的な形だと考えられ、ヴェーダ文書の豊かな教えと、1人の神への個人的な献身とを結び合わせる。ヒンドゥー教の信仰表現は多くの物語・歌・詩を生み出し、その過程でインドの多くの言語を豊かにしてきた。

ヒンドゥー教の礼拝

ヒンドゥー教徒は実際に多くの神々を礼拝する（多神教）かもしれないし、ただ1人の神だけを礼拝する（一神教）かもしれないし、あらゆる現実は1つに帰すると理解している（一元論）かもしれない。そうなると民衆の宗教行為も多様になってくる。神殿を訪れたり、プージャー（供養）を行ったり、像を崇めたり、巡礼に出かけたり、聖典を読んだり聴いたり、川・山頂・山道のような場所で礼拝したり、霊が宿る物や一元論を象徴する物を尊重したりする。例えばチベット西部のカイラス山は、シヴァ神の宿る所として、シヴァ教徒に崇められている。

インドの近代ヒンドゥー教

インドにおけるイギリス植民支配（1948年終了）の末期に、さまざまなヒンドゥー教の改革の波が現れ、インドの民族主義を形成した。オーロビンド、ティラク、ラーマクリシュナ、ガンディーは初期の改革者で、ラーム・モーハン・ローイ、ダーヤーナンダ・サラスワティ、ヴィヴェーカーナンダが後に続いた。改革者はみな、ヒンドゥー教を現代に適用しようとした。それは、イギリス人が去り、近代国家インドが誕生した後に必要とされた、実際面での変革を通して行われることもあれば、あるいはヴェーダ教という太古の伝統に回帰せよという呼び掛けを通しても行われた。ある改革者は、偶像やヨーニ・リンガ崇拝を伴って、多神教に反抗した。他の改革者は、カルマ（因縁）や輪廻転生という基本的な概念に反対した。こうした概念が社会改革を妨げているということである。さらにまた他の改革者は全宗教の一致を促進させた。

ヨーニ・リンガは非常に一般的なヒンドゥー教の崇拝対象で、命の一致、シヴァ神と配偶者パールヴァティーとの結合、すなわち繁殖を象徴している。今日のインドで、道端でヨーニ・リンガの上に花冠を置く人々を見かけるのは、ごく普通の光景である。これはシヴァ神を礼拝する行為であり、子宝や安産を祈願することも多い。

ヴィシュヌの化身

ヴィシュヌはヒンドゥー教の神で、化身（アヴァターラ）の姿――つまり地上にいる神として――で最もよく見つけられる。ヴィシュヌは次のような多くの姿をとる。

■魚（マツヤ）
■陸がめ（クールマ）
■いのしし（ヴァラーハ）
■ライオンの獣人（ナラシンハ）
■小人（ヴァーマナ）
■斧を持つラーマ（パラシュラーマ）
■叙事詩ラーマーヤナの英雄ラーマ
■クリシュナ。『バガヴァッド・ギーター』の中で、アルジュナにカーストの義務について助言する神
■ブッダ
■カルキン。ヴィシュヌの最後の化身で、白馬に乗って現れ、世界を裁き、新しい時代の到来を告げ知らせる

クリシュナの像

ヒンドゥー教

ヒンドゥー教徒の文学

すべてのヒンドゥー教徒に共通な聖典は1つもない。大まかに文書群は6つに分類される。文書は時間をかけながら、異なる歴史的背景の中で生まれてきた。ヒンドゥー教徒の経典は主要な2つの文書群に分類できる。スルーティは啓示された、あるいは聴かされた経典であり、スムリティは記憶された経典である。ある人々にとっては、教義や儀式にとって、スルーティのほうが権威がある。なぜなら神から「聴いた」経典だからである。

スルーティ経典

これらの経典は、神からの啓示に根ざしていると信じられている。

ヴェーダ

ヴェーダには4つ文書群がある。『リグ・ヴェーダ』、『ヤジュル・ヴェーダ』、『サーマ・ヴェーダ』、『アタルヴァ・ヴェーダ』で、いずれも前1500—前1200年に成立している。ヴェーダは神話と儀式が主であり、大地（アディティ）、空（ヴァルナ、インドラ、スーリヤ）、と火（アグニ）の神々を称えている。今日のヴェーダ教の多くは、火に関連する儀式であり、これらの文書の影響を受けている。

ウパニシャッド

ウパニシャッドは前6世紀頃に成立した（これらの文書は後期ヴェーダと見なすこともできる）。100を超えるウパニシャッド文書があり、非常に短いもの（18節）もあれば、最古のものは100頁の長さに及ぶ。「ウパニシャッド」という言葉は師匠の足許に座ることを暗示している。これらの文書の多くは、神秘的な話題に関して、教師とその弟子が交わした会話である。ヴェーダは主に儀式の行為——何をすべきか——について語っているが、ウパニシャッドはより内省的・理論的であり、ヒンドゥー教の主な概念の幾つかを紹介している。例えば、これらの経典は、一元論の思想、すなわち「すべてはひとつである」を発展させている。アートマン（真理それ自体、第一原理）とブラフマン（存在の絶対的基盤）という概念はウパニシャッドに起源がある。

スムリティ経典

スムリティ経典は、賢者が弟子に伝えたもので、記憶された文書で構成されている。

『ダルマ・シャーストラ』

『ダルマ・シャーストラ』は、前6世紀から前3世紀の間に成立し、社会的儀礼やヒンドゥー教徒間の交流について概略を説明している。『ダルマ・シャーストラ』ではヒンドゥー教徒のカースト階級制度が支持され、清めの諸規定（ゆえに社会的義務）についての法律と責務についても含まれている。これらの規定はモクシャ（解脱）——生と死の終わらない循環（サンサーラ。輪廻）——から解放されるための方法である。

『ラーマーヤナ』と『マハーバーラタ』

これらの叙事詩は、前3世紀から前1世紀の間に起こった戦いに影響されている。これらの叙事詩には筋書きがあるため、容易に舞踏・演劇・朗誦になった。『マハーバーラタ』の中には、『バガヴァッド・ギーター』というよく知られた信仰の文章がある。それは戦士アルジュナが従兄弟と戦う戦争の前夜、クリシュナ神がアルジュナと戦車の中で交わした会話である。2人はカルマ（因果応報）とダルマ（義務）について話した。

『ラーマーヤナ』の舞踊家。インドネシアのジャワにて。

ヒンドゥー教寺院の壁画に描かれた『バガヴァッド・ギーター』の一場面。クルクシェートラの戦いに臨むアルジュナとクリシュナ神を描いている。

ダルマへの召命

アルジュナが戦場で従兄弟と対決していたとき、主クリシュナはアルジュナに、戦士（クシャトリヤ）として、家族に対する愛情よりも、カーストの義務（ダルマ）を果たすように助言した。

アルジュナよ、いかなるものの身中にもあるこの個我は、永遠に殺害し得ない。
それ故に、一切万物について、汝は嘆くべきではない。
さらに、自己の義務を考慮しても、汝は戦（おのの）くべきではない。
武士（クシャトリア）にとっては、義務づけられた　戦争にまさるものは無いからである。
偶然的に与えられた　開かれた天国の門であるこのような戦争に、アルジュナよ、幸運な武士（クシャトリア）〔のみ〕が際会する。
もしも汝がこの義務的な　戦争を遂行しないとすれば、
その時は、自己の義務も名声も　捨てて、汝は罪を得るであろう。

『バガヴァッド・ギーター』、第二巻、教義の書（服部正明訳「バガヴァッド・ギーター」より。辻直四郎編『ヴェーダ　アヴェスター』世界古典文学全集第3巻、筑摩書房、1967年、288頁）

プラーナ文献

後1世紀から10世紀までに成立した。これらの文献では、神々の出現（化身）について記し、悪が征服され、善が復興することについて取り扱っている。

宇宙神話

ヒンドゥー教で鍵となる概念は、森羅万象の一致である。ヴェーダの中で、創世について語る文章から明らかなように、宇宙・社会・人体はすべて関連している。

彼らがプルシャ（訳注・原人）を〔切り〕分かちたるとき、いくばくの部分に分割したりしや。彼（プルシャ）の口は何になれるや、両腕は何に。両腿は何と、両足は何と呼ばるるや。
彼の口はブラーフマナ（バラモン、祭司階級）なりき。両腕はラージャニア（王族・武人階級）となされたり。彼の両腿はすなわちヴァイシア（庶民階級）なり。両足よりシュードラ（奴婢階級）生じたり。
月は意（思考器官）より生じたり。眼より太陽生じたり。口よりインドラとアグニ（火神）と、気息より風生じたり。
臍（へそ）より空界生じたり。頭より天界は転現せり、両足より地界、耳より方処は。かく彼ら（神々）はもろもろの世界を形成せり。
「プルシャ」（第一者の賛歌）。リグ・ヴェーダ（第10巻、賛歌90）
（辻直四郎訳『リグ・ヴェーダ讃歌』岩波文庫、1970年、320-321頁）

タントラ

後6世紀から7世紀に成立。宇宙の意識にあずかるという霊的な経験を、直接にすぐにでもできると指南する技術の教本。一部のヒンドゥー教徒は、ヴェーダの伝統を台なしにするとして、これらの文書を非難している。仏教の幾つかの流派は、タントラを必要としている。

ヒンドゥー教

鍵となる概念

ヒンドゥー教には非常に長い歴史と多くの聖典があるとはいえ、鍵となる思想の幾つかは、すべての教派に共通している。

ダルマ

ダルマには非常に幅広い意味がある。ダルマは、教え・法・真理・摂理・倫理・宗教を意味しうる。高い次元では、宇宙を保持する倫理的な力を意味し、また社会を包括する力でもある。個人のレベルでは、その人が生まれ落ちた社会階級、すなわちヴァルナにふさわしく振舞えという社会的義務である。ゆえにダルマは社会的責任を意味する。

カーストと階級

古代ヴェーダに依拠して、ヒンドゥー教はすべての人々を4つの階級、つまりヴァルナに分類する。上から順に並べると、以下のようになる。

- バラモン（祭司と教師。ヴェーダの犠牲と儀式とを導き、教えを垂れる）
- クシャトリヤ（戦士、民の守護者）
- ヴァイシャ（平民。商人、農業従事者）
- シュードラ（下級労働者、農奴）

この4つのヴァルナの外側にいる人々は、文字どおり「アウト・カースト」あるいは「不可触賤民」と呼ばれる。マハトマ・ガンディーはこれらの人々に、ハリジャン（神の子供たち）という名を用いて敬意を示そうとした。彼らは自分たちをダリット（「潰され、壊された」を意味する）と呼ぶ。

カルマとモクシャ

「因果応報」を意味するカルマは、個人の次元で機能する。ある人の、この世の生活における今の地位──今日経験していることと、自分が生まれ落ちた社会的地位──はカルマの法によって決められている。すなわち、今日経験することは、以前になした行いによって、それも前世においてなした行いによって、決まる。簡単にいえば、カルマの法は「善を行えばよい目に遭い、悪を行えば悪い目に遭う」と換言できる。それに従えば「今日の行動が将来の結果を決める」ことになる。ゆえにカルマは行いあるいは働きも意味する。現世における行動の結果が引き伸ばされて、来世でどのように生まれ変わるかに影響するのである。

カルマは、この人生に束縛されていることを暗示し、モクシャはその束縛からの解放である。禁欲・瞑想・自制や他の鍛錬を実践することによって、人はこの世のしがらみを克服し、平安の深い意味を見出す。モクシャは、人のアートマン（概して「魂」を意味すると理解される）がサンサーラ（輪廻）から最終的に解放されることであり、究極のブラフマン（存在の根本原理）との一致へと向かう。それはまるで、1滴の水滴が大海に落ちるようなものである。

儀　式

ダルマによれば、現世において果たすべき義務がある一方で、この世を放棄しなければならないという緊張関係がある。このゆえに、世帯所持者と出家修行者（サンニャースィ）との間には区別がある。世帯所持者の役割は、特別な儀式を通して社会的な秩序を維持することである。出家修行者とは、儀式を行う義務のある社会を離れて、生と死との生まれ変わりの果てしない循環（サンサーラ）からの解放（モクシャ）を求める人である。

アートマン

アートマンは「魂」と訳されることが多いが、2つの意味がある。1つは、究極の一者という意味での「魂」であり、もう1つは個人の魂という意味での「魂」である。個人の魂はみな、究極のアートマンあるいは魂の一部である。この魂は、ブラフマンとして語られることもある。ブラフマンはアートマンの根源だからである。したがって、ブラフマンとアートマンとの間に違いがないために、人は自分自身の中を見つめることによって、究極の現実（それを神という人もいる）を見出す。ヒンドゥー教は、核心において一元論である。つまり、すべてはひとつであると見なす。ヒンドゥー教徒にとって、差異という概念（すなわち、あなたと私は異なっている）は幻想である。

超越神への信仰

ヒンドゥー教にとって、アートマンという概念が一元論的な枠組みとなっている一方で、それにもかかわらず、究極の現実を意味するブラフマンという用語には、神という概念がある。神聖なるものは、人格のないブラフマンとして体験されると同様に、人格を持ち、個人の人生の中に働く神々との信仰的な関係の中でも体験される。こうした神々は、ブラフマンの、より劣った姿での現れであると理解されている。このように神々への帰依（バクティ）は、ヒンドゥー教の中で大いに広がっている。ヴィシュヌの化身クリシュナはよく知られた神で、肌が青いので容易にクリシュナだとわかる。

生まれ変わり

　生まれ変わり、つまり魂の転生は、ヒンドゥー教の信仰の中で重要な部分を占める。なぜなら、すべてはひとつなので、個々人のアートマンは究極のアートマンすなわちブラフマンを通して、あるいはブラフマンの中に転生できるからである。人は死ぬと、カルマの法に従って生まれ変わる。理論上では、善行と悪行とを秤に掛けて、より優れた存在になるか、あるいはより劣った存在になる。もし生きている間に善行を積んで、意図的にカルマの点数を稼ごうとしないならば、カルマの法は懲罰のようになるだろう。

神聖さと聖別されたもの

　ヒンドゥー教の中心にあるのは、神聖なものと汚れたものという概念である。日常の世界は汚れている。すなわち、不純で汚染されている。神聖なものは「純粋」で、幸運をもたらす。さまざまな儀式・人々・場所（例えばガンジス川）は、2つの間を仲介するものとして働く。偶像・寺院・祭司や幾つかの特別な都市（例えばワーラーナシー、ハリドワール）さえもが、神聖なものに通じる通路となる。このゆえに、ヒンドゥー教では、巡礼は重要である。人は聖都ワーラーナシーへ旅をし、ガンジス川で沐浴して、罪を洗い流す。

　プージャー（供養）は礼拝行為である。ヒンドゥー教徒はプージャーを定期的に、あるいは吉兆のある時や場所で行う。それは単純な行為で、バターランプに火を点けたり、川に水を注いだりすることかもしれないし、あるいはもっと公式で、寺院を訪れて聖典を朗読したり、祈りを唱えて祭司から祝福を求めたりすることかもしれない。上の写真では、インドのガンジス川で女性たちがプージャーを行っている。

ヒンドゥー教

社会と村落の生活

ダルマ（宗教的・社会的義務）という概念は、ヒンドゥー教がどのように社会の構造を統制するかを決めている。ヴェーダ経典で教えられている社会の4階級すなわちヴァルナは、村落の生活を厳密に形作っている。4つのヴァルナには垂直の上下関係があり、下層の3階級はさらに、幾つものカーストあるいはジャーティに分かれる。

ジャーティ

ジャーティは、ある人が果たすべき役割や職業を決める。ジャーティは職人組合のように見えるときもある。しかし儀式的な浄さの法によって統制されているので、同じジャーティの成員は伝統的に一緒に住んで、一緒に働いている。例えば、シュードラ階級（ヴァルナ）——すなわち農奴と小売商人——には、大工・鍛冶職人・理髪師・陶器師・農業従事者のように数多くのジャーティがある。いわゆる「アウト・カースト」（すなわちカースト制度外の人々）あるいは「不可触賤民」には、籠職人・なめし皮職人・掃除夫・墓掘り職人・トイレ掃除夫が含まれる。異なるジャーティ間での結婚はきわめて稀であるが、今日の都市部ではだんだんと一般的になりつつある。

カーストの義務

ダルマとは、ある人が自分の属しているカーストに対して果たすべき義務である。これはヴァルナ・ダルマと呼ばれている。ヴァルナ・ダルマは個人的な義務（「私は常にラージプートつまり戦士であり続ける」）であるのみならず、カースト制度の上下関係の中で、自分のカーストが「当てはまる」場所に対する任務でもある。もしラージプート（クシャトリヤ階級の中のカースト）に生を受けたなら、よい戦士になることは、その人の義務（ダルマ）である。人は同じカーストの中で結婚しなければならない。しかし戦士であるがゆえに、自分以外の社会を守る義務もある。特に自分よりも上の階級の人々つまりバラモンの祭司を守る義務がある。

清めと分離

儀式的な清めは非常に重要であるため、物理的な空間を管理することは非常に重要である。ある村落では、カーストごとに居住区域を分けてきた。バラモンが東端に（日の出に向かって）おり、それからクシャトリヤ、ヴァイシャ、シュードラと順番に西へ向かって居住した。西のはずれ、しばしば完全に村落の外側に、「アウト・カースト」が住んだ。これらの人々は、儀式的に不浄な仕事をすることで、上のカーストの人々に仕えた。階級ごとに、異なる井戸があることさえあった。

インドのカースト別人口比概観

- バラモン（最高位である祭司のカースト） 5％
- 他宗教の人々（仏教徒、キリスト教徒） 9％
- イスラム教徒 10％
- 指定民族 13％
- 他の上層カースト 21％
- 他の下層カースト 28％

理想的な存在

　ヒンドゥー教の社会では、垂直の関係だけが統制されているのではなく、水平の関係（あるいは時系列の関係）も統制されている。ゆえに、ダルマとは儀式的行為と倫理的行為とをひとつに併せたものと考えてよい。この意味するところは、人はよい人生を生きるために、霊的な段階を踏んで進歩してゆくのだということである。これは、アーシュラマ・ダルマと呼ばれ、いわば理想的なカーストの一生を規定している。おおよそ、以下の順番になる。

1. 学生期（ブラフマチャルヤ）——独身で教育、特に宗教上の義務を学ぶことに集中する時期。
2. 家住期（ガールハスティア）——生計を立て、家族を養うことに集中することで、宗教上の義務を果たす時期。
3. 林棲期（ヴァーナプラスタ）——「引退」の時期で、家族を扶養する重荷から解かれ、人生で学んだ知恵を他者に伝える時期。
4. 遊行期（サンニャーサ）——ひたすらに世俗から隠遁し、瞑想を通して、意図的にモクシャ（解脱）を探求する時期。

　理想的には、4段階はそれぞれ25年である。明らかに、境遇や資産によって、誰もがこの任務を果たせるわけではないが、この生き方は理想として確立している。

農村生活 vs 都市生活

　清めとカーストの規定は、村落で毎日行われる儀式を決定する。ここにはバクティ（家あるいは村落の寺院で行う神々への礼拝行為）や幸運を招くための儀式も含まれる。天文学は吉兆の時期を定めるために重要である。寺院（おそらく、その村の神か女神が祀られている）に参詣したり、ヒンドゥー教の祭礼に参加したりすることによって、一年のリズムが刻まれる。困難や危機に遭うと、村人はバラモン祭司を越えて、非公式の悪魔払いをする祈禱師や占い師に助けを求めるかもしれない。
　インドの都市部では、カーストの規則は脅かされている。異なるカースト間での結婚も多くなるし、より上層のカーストへの移動もある。このように、インドの家族は、グローバル化した世界の中で生きるという緊張関係の中にいることに気づくだろう。しかし、伝統的なヒンドゥー教の価値観にも引き摺られている。

ヒンドゥー教と政治

　ヒンドゥー教と政治との結び付きは強くなってきている。例えば、インド政府は「指定カースト」、すなわち下層カースト（ダリット）に公共部門の仕事を割り当て、彼らの権利（例えば2006年の森林権法の認可）のために、より厳しい制限を法的に定めた。さらにインド人民党（BJR）のようなヒンドゥー教系政治運動が影響力を強めてきた。これは人民党がヒンドゥー教を明確かつ原理主義的に解釈するからである。これはまた特に、グローバル化と近代主義に脅威を感じての反発でもある。

ヒンドゥー教の祭礼

　インドには多種多様な祭礼がある。そのほとんどは、「主要な」神々であれ地域の神々であれ、神々を崇める祭礼である。人々は神々の誕生日、結婚やさまざまな重要な出来事をお祝いする。地域の祭礼も多い。多くは季節と結びついており、太陰暦と太陽暦によって定められている。ジャイナ教徒とシク教徒の両方が祝う祭礼もある。

- ■ホーリー——春（3月）に行われるヴィシュヌ神の祭礼。篝火を焚き、人々は、色と香りのついた粉と水とを投げかけ合う。
- ■ディーワーリー——10月中旬から12月中旬の間に行われる「光の祭礼」。富の女神ラクシュミーを称えて、家族の行事として行われる。ディーワーリーは、悪に対する善の勝利を祝う祭りでもあり、家を掃除したり、新しい服を着たり、ランプを灯したり、花火を打ち上げたり、甘い菓子をたくさん食べたりする。
- ■クンブ・メーラ——この祭礼の時期と場所とは、星の動きによって決められる。12年ごとに行われ、小規模の祭りは6年ごとにある。巡礼者は百万人規模で参加する。クンブ・メーラは清めの祭礼で、吉兆の時期に聖なる川で沐浴して罪を洗い流す。アラーハーバードとナーシクとは通常クンブ・メーラが行われる場所である。

左：2007年、警察と警備員に投石して抗議する、インドのグジャール族共同体の人たち。デリー郊外の高速道路を封鎖して、指定民族として分類されることを要求した。指定民族になれば、積極的差別是正政策を採るインドにあって、社会的に不利益を被っている階層や下層カーストのために割り当てられている優先枠をもらえる。

左：アールティ式典に参加する巡礼者たち。祝典では、クンブ・メーラのときにハリドワールで、ギー（清められたバター）あるいは樟脳に浸されたろうそくの芯に光を灯し、1人または多くの神々に捧げる。

ヒンドゥー教

欧米における影響

ヒンドゥー教は、概念・哲学・儀式が集積してできた。そこにはまた、1つの包括的な信仰や創始者や物語を持たない神々も含まれている。宗教としての「ヒンドゥー教」とは、18世紀から20世紀の間にイギリス人がインドを支配したときに、この多彩な信仰と宗教行為とに名前をつけて認識しようとして、作り出したものである。

仏教とジャイナ教とシク教にはみな、ヒンドゥー教と共通する点がある。さらにインド土着の部族は、自分自身の「原始」宗教を信奉しているが、それはしばしばヒンドゥー教とかなり重なり合っている。というのも「ヒンドゥー的なもの」は、インド亜大陸の空気そのものだからである。

1960年代になると、ヒンドゥー教が欧米諸国でも歓迎されるようになった。ジョージ・ハリスンの「マイ・スウィート・ロード」は本質的に、ヒンドゥー教の神クリシュナへの帰依を歌った歌である。ヨガは、欧米では、主に瞑想と体操として広く親しまれているが、ヒンドゥー教に由来する。1960年代の性革命には部分的に、ヒンドゥー教の書カーマ・スートラを読むことから活気が与えられた。ヒンドゥー教のサーンキヤ哲学は、西洋哲学に活気を与え、多くの人々に輪廻転生とカルマの思想とを受け入れさせた。

欧米のヒンドゥー教派

クリシュナ意識国際協会（ISKCON）は、一般に「ハレ・クリシュナ」として知られているが、ヒンドゥー教の分派として、わかりやすい。西側主要都市の大通りで「ハレ・クリシュナ」のメンバーはクリシュナに捧げる歌を唱え、トラクトを手渡し、人々を会話に引き込む。A・C・バクティヴェーダンタ・スワミ・プラブパーダが1965年に創始し、「ハレ・クリシュナ」は欧米で大いに勢力を増し、寺院や宿泊施設のある学習施設を建設して、維持するほどになった。カリスマ的なグル（教師）も、1960年代から1970年代にかけて欧米にやって来て、ほかにも人目を引く運動を始めた。例えば、超越瞑想、セルフ・リアリゼーション・フェローシップ、サティヤ・サイ・ババ・ソサイエティである。

さらに広範に及ぶ移民とグローバル化のゆえに、今や欧米の都市でヒンドゥー教の寺院を見かけることは珍しくない。これらの寺院がインド人の共同体の中心になり、こうした共同体の特別な遺産や宗教的な伝統を表していることも多い。今日、どの欧米の都市にも、異なる神々に捧げられた異なる寺院がある。このようにヒンドゥー教の神々——クリシュナ、シヴァ、ヴィシュヌ、パールヴァティー、サラスヴァティー、ラクシュミー、ラーマ、ハヌマーン、ガネーシャ——は、今や欧米でも、かなり多く見かけられるようになった。神々の絵画や像——インド人の店舗でよく見かけられる——はもちろんのこと、これだけ寺院が普及しているということは、これらの神々とその信奉者とがもはや、インド亜大陸の文化や宗教という文脈に限定されていないことを示している。

ヨガ

ヨガは、ヒンドゥー教のサーンキヤ哲学と関わりのある技術で、肉体の厳しい鍛錬と瞑想とを「制御し、結合し、統合する」ことによって、現実の本質を洞察しようとする。ヒンドゥー教の多くの聖典に基づく一方で、ヨガは、身体の姿勢を整える型となってきた——これは今や欧米では体操として売り出されている。この型によって、精神と感覚とを訓練し制御し、そうして自我の限界を克服するのである。このように姿勢を変化させることによって、貪りや憎悪といった精神的な不純物を取り除くことを目的としている。ヨガでは、7つのチャクラあるいは力点が、身体の中心線を通って降りてくると考えている。霊的なエネルギーはこの中心線を通って流れるとされる。体操とは別に、ヨガは、自分の真のアイデンティティーを理解するために役立つとされるため、欧米の多くの人々にとって、魅力がある。

● 参照箇所
仏教、46—53頁
ジャイナ教、98—99頁
シク教、102—103頁

タントラ

　タントラとは、インドで後6世紀頃に成立したインドの経典を集積したもののことをいう。これらの文書では、ヨガの実践を通して、力を得る技術を概説している。例えば、空中浮揚したり、壁抜けしたり、金属を金に変えたりする力である。より現実的には、タントラは、個人に力を与えるものである。

　タントラという言葉は「機織機」あるいは「機織り」という言葉に由来し、2つの物事（縦糸と横糸）を噛み合わせることによって、何かを創造するという概念を表す。広義には、拡大と継続とを意味する。

　タントラの実践においては、正反対のものを結び合わせることによって、意識が拡大するのを経験する。これは、さまざまな方法を通してなされうる。儀式で用いる象徴、身振り手振り、儀式の定型や言葉なども使う。さらに負のエネルギー（女性に象徴される）と正のエネルギー（男性に象徴される）が統合されるとき、輪廻（サンサーラ）という無限の循環から、精神と肉体とが解放される。言い換えれば、これは解脱（モクシャ）への道である。したがってタントラには、性的な表現は珍しくない。ヒンドゥー教の神々シヴァとシャクティ（パールヴァティー）とは座位性交図で描かれ、ヨーニ・リンガ（女陰と男根の像）が敬われている。

　タントラの教えには、反体制文化の衝動が潜んでいる。女性的な主題が強いため、欧米ではタントラはウィッカ・魔女・異端・天使論・ヨガ・女神運動・錬金術に結びつけられてきた。これらの運動では共通して、性的な力を称賛している。ゆえにタントラが欧米で表現されるときは、「神聖な性交」として知られ、さまざまな性心理学と重なっている。

イギリスはワットフォードのバクティヴェーダンタ・マノールISKCON（ハレ・クリシュナ）寺院にて。ジャンマシュタミ（クリシュナ降誕祭）を祝う子供たち。

ヒンドゥー教とハリウッド

　映画「スター・ウォーズ」（1977—2005年）と「アバター」（2009年）とには、ヒンドゥー教のブラフマンの思想がある——すなわち、究極の現実はひとつであるという思想である。「アバター」という言葉自体が、神々が人になることを意味するヒンドゥー教の言葉であり、映画で青色を使っていることは、ヒンドゥー教のアヴァターラ（化身。クリシュナに最も顕著である）の色と一致している。他の映画もヒンドゥー教の思想を借りている。「恋はデジャ・ブ」（1993年）は、人が「来世」を制御できるという点で、カルマの主題を劇にしている。「マトリックス」（1999年）は東洋的な主題を混ぜ合わせたポプリのようなものである。実在の本質の探索というその映画の着想は、ヒンドゥー哲学をほのめかす。

仏　　教

ブッダの生涯

世界には、3億6千万人から8億人の仏教徒がいる。前5世紀のインド北部に端を発して、仏教はアジア北部と東部に広がった。20世紀半ばに仏教は突然、地球規模の現象になった。1959年にダライ・ラマがチベットから追放されたのも、部分的には影響した。結論として、2とおりの方法で仏教を考えることが有益である。アジア地域で育った人々の仏教と、アジア以外、特に欧米で改宗した人々の仏教とである。

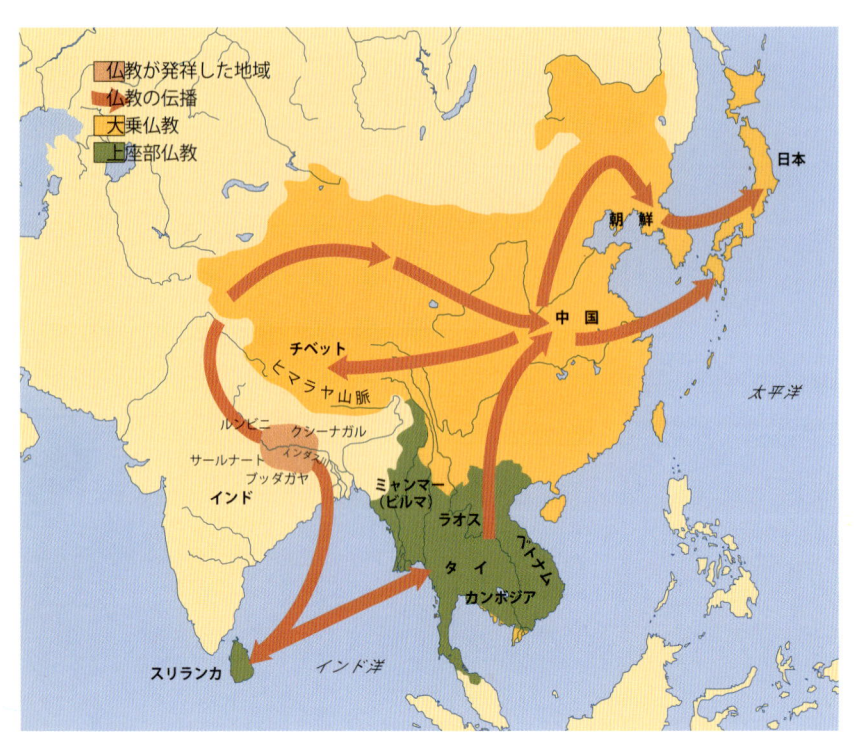

地図は仏教の広がりと、上座部仏教と大乗仏教という2つの教派の地理的分布を示している。

仏教は宗教か

他の宗教と「家族的類似点」を持つ一方で、仏教は実際にはまったく宗教ではないと主張する人がいる。そのような人は、仏教を心理学、哲学、あるいは瞑想の道具と見るのかもしれない。欧米の文脈の中では、仏教を自分流に解釈して、他の宗教と結びつけることになる。

共通する教え

中核を成す教えは、すべての仏教学派で共通である。どの学派も、ブッダが前5世紀のインドの王子だったと認めている。ブッダは悟りを開いて、四諦説（したいせつ）を教えた。この中心となる思想から、多くの異なる信仰と儀式とが生まれ、アジア全土に放射線状に広がった。例えば、インドの霊的な「雰囲気」の幾つかは仏教に影響している。その中には、カルマ・解脱・瞑想・輪廻転生も含まれる。しかし仏教徒は、これらの概念について、ヒンドゥー教徒とは異なる解釈をしている。

ブッダの前半生

ブッダは前6世紀から前5世紀の間にインド北部で、ゴータマ・シッダールタあるいは釈迦牟尼（しゃかむに）、すなわちシャーキャ一族の王子として生まれた。ブッダの生涯の細部については、文献によって情報がかなり異なる。しかし、ブッダの生涯において、仏教徒が重要な出来事として一般的に信じていることを、以下に紹介する。

マーヤー王妃は、ある夜、脇腹から銀の象が子宮に入る夢を見た。ヒンドゥー教のバラモン祭司は、息子が生まれて、王かブッダ――悟りを得た者――かのどちらかになると予言した。5月の満月の日に、ルンビニ村でマーヤー王妃はシッダールタを出産した。シッダールタは王子として育てられ、俗世から守られていた。16歳で従姉妹ヤショーダラーと結婚したが、29歳のとき、シッダールタは「四門出遊（しもんしゅつゆう）」を経験した。〔城門の東西南北の四つの門から出かけた〕シッダールタは最初に老人を、次に病人を、そして死人を見た。御者はシッダールタに、人はみな老い、病に罹り、死ぬのだと説明した。4番目に〔北門から出かけたときに〕目にしたのは修行者――現世を捨てた人物――であった。シッダールタは修行者の平安な様子に感銘を受けた。シッダールタは意を決して王室を捨て、修行者の禁欲的な生活をすることにした。自分が目にしたすべての患難の中にあって、平安を見出したいと思ったからである。

> **参照箇所**
> ヒンドゥー教、42—43頁　　ジャイナ教、98—99頁
> 仏教、50—51頁　　　　　　シク教、102—103頁
> 中国の宗教、54—55頁

ブッダの「出家」

ある夜、シッダールタは眠っている妻と息子とを置いて去り（「出家」）、川を渡ると、修行者の生活を始め、インド北部を放浪した。ヒンドゥー教の賢者に学びながら、真理を探究していると、少数の弟子がシッダールタの許に集まった。しかしシッダールタは満たされなかった。そこで厳格な禁欲生活に服したので、餓死寸前にまでなった。それでも、これが真理への道だという確信がないままだった。

悟　り

その後、シッダールタは悟りを経験するまで、木の下に座ることを決心した。シッダールタが深い瞑想に入っているときに、悟りが開けた。シッダールタはブッダ、つまり悟りを得た者になった。ついに苦難を終わらせる道を見出したのである。

それからブッダはインドの都市ワーラーナシーの近くに、最初の弟子5人をもう一度集めた。弟子たちはいぶかった。修行に伴う肉体の鍛錬をまったく経ずして、どうやってシッダールタは悟りを得られたというのか。しかしブッダは最初の説法を垂れ、苦難を終わらせる道の大筋を語った。八正道（はっしょうどう）が、ヒンドゥー教の極端な禁欲主義と、王子の耽りがちな放蕩との間にある「中道」であると論じた。この最初の説法は「初転法輪（しょてんぽうりん）」と呼ばれ、サールナートにある鹿野苑で語られた。続いてブッダは、増え続ける弟子の群れを伴いつつ、インド北部を放浪しながら、残りの生涯を過ごした。こうしてダルマ――ブッダが発見した真理――を教えていった。

クシーナガルで、ブッダは右脇を下にして横になり、80歳（前400年頃）で涅槃（死）を経験した。

ブッダの模範

ブッダの生涯に起こった一連の出来事は、仏教徒が従うべき理想的な模範だと見なす者もいる。仏教徒は、瞑想と礼拝との時を過ごすために、現世を放棄するかもしれない。あるいは、家族の中の1人（たいてい長男）が、一時的に僧伽（そうぎゃ。サンガ）――僧侶と尼僧の共同体――に出家することもある。仏教に入信する式典は「三宝（すなわちブッダ、ダルマ、僧伽）に帰依すること」といわれ、ブッダの生涯における聖地に巡礼することは、巡礼者にとって功徳になると考えられている。ルンビニ（ブッダ生誕の地）、ブッダガヤ（悟りを得た地）、サールナート（最初に説法した地）、クシーナガル（ブッダが入滅した地）は聖地である。ウェーサーカ祭（ウエサク）は仏教徒の主要な祭礼で、5月の満月の日にブッダの誕生・悟り・涅槃（ブッダの入滅）を祝っている。

シッダールタの「四門出遊」。老人・病人・死人・修行者が、絹に描かれている。

45

仏教

世界宗教

ブッダが最初に説法して以来、弟子の群れは、最初の5人から、親類、王子、世俗の人などさまざまな人が加わり、増えていった。その中には、ゴータマ（すなわちブッダ）の妻ヤショーダラーもいた。ブッダはヒンドゥー教カースト制度の階級制度を拒否し、弟子たちの間では理想的な民主主義を推進した。僧伽、すなわち増え続ける弟子たちの群れのための規則が収集され、ヴィナーヤになった。ヴィナーヤとは「律」を意味する。これは後に最初の仏教聖典トリピタカ（三蔵）の中でも権威のある部分になった。

仏教はインドからカイバル峠を通って現在のアフガニスタンへと、西方に広がった。巨大なバーミヤンの仏像群は、2001年にタリバンに破壊されたが、後500年頃からアフガニスタン中央部に相当数の仏教徒がいたことを示している。仏教は、北方ではチベット・中国・韓国・日本に広がり、南方ではスリランカに伝わり、タイを横断して東南アジア半島へと広がった。19世紀以降の近代になると、欧米の学者たちが仏教経典をヨーロッパの言語に翻訳し始めた。20世紀後半には、多くの仏教分派が、世界の多くの国々で受け入れられるようになった。

仏典結集の役割

ブッダの死後（前400年頃）、約3か月が経つと、ブッダの教えの内容を確認するための会議が開かれた。これは最初の仏典結集（ぶってんけつじゅう）として知られている。2回目の結集はその約70年後に招集された。僧侶の規律が欠如していた問題を主に取り扱うためであった。この時点まで、僧伽、すなわち僧侶の共同体は、ブッダの教えを研究することに焦点を当てていたが、今や実践（どのようにして、この教えに生きていくか）が重要になった。それぞれの結集で衝突が起こり、結果として一致することができなかった。前250年の第3回結集において、分裂が明らかになった。議題は主に、どの文書に権威があるのか、何を僧侶にとって必須の規則とするべきか、であった。議題は複雑だったが、解釈を異にする複数の群れが現れたことは、明らかである。

左：2001年に破壊される前のバーミヤンの仏像の1つ

参照箇所
仏教、44—45頁

仏教はどのようにして広まったのか

　仏教は主に4つの方法によって、世界中に広まった。
1. 皇帝あるいは地方行政官が仏教を認可し、支援し、流布させた場合——例えば、インドのマウリヤ朝のアショーカ王（前304—前232年頃）、チベットのヤルルン朝のソンツェン・ガンポ王（後618—50年頃）、中国の元の初代皇帝フビライ・ハーン（後1260—94年頃）である。
2. 移民が仏教を持ち込む場合——近年の例では、1959年以降、チベットのラマ（祭司あるいは僧侶）がチベットから欧米へ移住したこと、1997年以前に香港の住民が移住したこと。
3. 信奉者や実践者が仏教国に行って、人員募集して、仏教を「連れてくる」場合——早くは後252年以降、日本人の学僧は中国に渡り、仏典つまりチャン（後に禅になる）と浄土教の両方の経典を翻訳し、持ち帰った。今日の欧米では、仏教徒の群れが新しくできると、アジアから仏教の教師を招聘することが多い。
4. 分派が宣教に熱心な場合。創価学会は、確固たる意志をもって宣教に力を入れている仏教分派の一例である。日本文化に裏づけられた刷新運動として、創価学会は活発に宣伝活動を行い、新しい会員を勧誘する。西洋仏教兄弟団（Friends of the Western Buddhist Order、2010年にTriratna〔三宝〕に改名）と国際カダム派仏教連合（New Kadampa Tradition）も2つの分派で、欧米諸国において魅力的な存在になるように努め、新しい会員を勧誘しようとしている。

帰依する

　宗教が広まるためには、人々がその宗教の信奉者あるいは礼拝者にならなければならない。人々は何らかの方法で「改宗」できなければならない。では、どのようにして「仏教徒」になるのだろうか。
　仏教へ入信する儀式として、人は「帰依する」。これは通常短く単純な式典で、入信する者は僧侶や教師の前で三重の信仰告白を唱える。

　我は仏（ブッダ）に帰依したてまつる。
　我は法（ダルマ）に帰依したてまつる。
　我は僧（サンガ）に帰依したてまつる。

　これら3つの告白はそれぞれ、悟りを得た人としてのブッダその人、あるいは理想化されたブッダ、それから物事が現実にはどうあるのかについての真理（ダルマ）、それから修行している僧侶や尼僧の共同体、あるいはより広義の仏教徒の共同体（サンガ）を指している。
　ある仏教分派では、この三重の信仰告白は、人が僧侶や尼僧になるときの儀式、つまり得度の一部分だといわれている。欧米には、正式に「帰依」していなくても、自分を仏教徒だと考えている人もいる。

平和と憐れみのために祈る西側諸国の仏教徒

ポイ・サン・ロン祭の3日目にして最終日。見習い僧になるとき、少年たちは王子の衣装を脱ぎ、僧服に着替える。

仏教

四諦説と仏教経典

すべての仏教分派は、（程度はさまざまだが）四諦説（4つの聖なる真理）の中心となる教えを認めている。ゴータマ・シッダールタ王子（釈迦牟尼〔しゃかむに〕としても知られる）が悟りを開いたとき、その頭に一緒に閃いたのが、この四諦説であった。結果として、ブッダガヤ（インド北部）の木の下で、シッダールタは「そうか！」という瞬間を得た。言い換えれば、どのようにして、そしてなぜ、世界には苦難があるのかを理解する、この特別な方法に、そして苦難を取り扱う方法にも「目覚めた」のである。

四諦説（したいせつ）

1. 苦諦（くたい）——存在とはドゥッカ（苦）である。
2. 集諦（じったい）——ドゥッカはタンハー（渇愛）によって引き起こされる。
3. 滅諦（めったい）——苦と渇愛からの解放は欲望を取り除く（ニルヴァーナ）ことによって可能である。
4. 道諦（どうたい）——欲望からの解放されるためには、八正道（はっしょうどう）に従うことである。八正道は次のとおり。

■正見（しょうけん）。正しい見方。
■正思惟（しょうしい）。正しい思考。
■正語（しょうご）。正しい語り。
■正業（しょうごう）。正しい行動。
■正命（しょうみょう）。正しい生活。
■正精神（しょうしょうじん）。正しい努力。
■正念（しょうねん）。正しい注意深さ。
■正定（しょうじょう）。正しい精神集中。

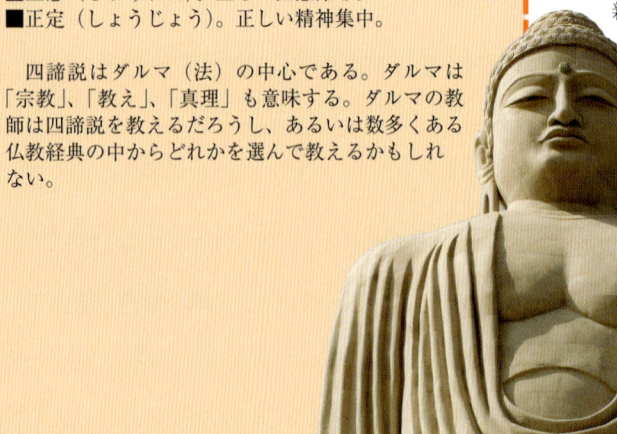

　四諦説はダルマ（法）の中心である。ダルマは「宗教」、「教え」、「真理」も意味する。ダルマの教師は四諦説を教えるだろうし、あるいは数多くある仏教経典の中からどれかを選んで教えるかもしれない。

仏教の原典／文学

　仏教の経典は、さまざまな言語で書かれている。多くの原典はパーリ語、すなわち現在では使われていない古代インド語で書かれている。これらの経典は、ブッダが実際に語ったことに近いと考えられている。これらの原典は翻訳されたり、他の経典が追加されたりした。このようにして、仏教の経典群は、パーリ語・サンスクリット語・チベット語・中国語・日本語で存在している。さらに今日、ヨーロッパの言語で書かれた文献が増え続けている。これは、新しい文献であることもあれば、古典であるアジアの経典の注解書であったり、経典の翻訳であったりする。

　キリスト教・ユダヤ教・イスラム教と違って、仏教には1つの権威ある書物はない。むしろ広範囲に及ぶスートラ（経典。パーリ語でスッタ。これは宗教書といえる）の選集がある。スートラには「糸」という概念が含まれている。長い時間をかけて継続する伝統という意味である。仏教のさまざまな学派や分派は、それぞれ異なった経典を重要視している。実際、幾つかの分派は、ある特定の1つの経典を重要視するため、はっきりと識別することができる。

　しかし、仏教の分派や個々人は、お気に入りの経典を要約して携帯しているかもしれない。例えば法句経（ダンマパダ）は、人々に親しまれている格言集である。ほかに広く読まれている経典と文典は、慈経、般若心経、金剛般若経、ミラレパの詩、道次第（ラムリム）である。さらに仏教には、民話集すなわちジャータカ物語集がある。これはイソップ寓話集に似ている。それらは生活の中で起こる普通の出来事を基にした短い物語で、倫理的な真理を教え、正しい振舞いを促すことを意図している。

インドはビハールのブッダガヤにある大ブッダ像

パーリ語経典

パーリ語経典（経典とは、権威のある一群の文献を意味し、他の文献は、この経典を基準に測られる）は上座部仏教徒にとって聖典である。多くの大乗仏教徒も正典としている。パーリ語経典は3つの部分あるいは「籠」（pitaka）から成る。

■第1の籠──律蔵（ヴィナヤ・ピタカ。仏教徒の共同体、すなわち僧伽の行動についての規則）
■第2の籠──経蔵（スッタ・ピタカ。何千もの講話録、すなわちブッダの教え）
■第3の籠──論蔵（アビダンマ・ピタカ。経典の注解書あるいは改訂版）

大乗仏教の経典

大乗仏教の諸分派はパーリ語経典（あるいは、その翻訳）を認めてはいるが、何百もの経典をそれに追加した。その中には、大乗仏教の全分派に共通の経典もあれば、各分派だけの独自の経典もある。例えば、浄土教は無量寿経を特に重んじている。

チベット仏教

チベット仏教には、カンギュルとテンギュルと呼ばれる2つの経典集がある。大部なので、もし棚に置くとしたら、普通の部屋の壁全体を覆うだろう。これはパーリ語や大乗仏教の経典を集めると同時に、新しい革新的なチベットの文献も収集している。

般若心教

般若心経は大乗仏教で最も重要な経典の1つである。無という、重要な概念を提示しているからである。

　このようにわたしは聞いた。……物理的現象には実体がないのであり、実体がないからこそ、物理的現象で（あり得るので）ある。実体がないといっても、それは物理的現象を離れてはいない。また、物理的現象は、実体がないことを離れて物理的現象であるのではない。（このようにして）、およそ物理的現象というものは、すべて実体がないことである。およそ実体がないということは、すべて物理的現象なのである。これと同じように、感覚も、表象も、意志も、知識も、すべて実体がないのである。
　シャーリプトラよ。この世においては、すべての存在するものには実体がないという特性がある。生じたということもなく、滅したということもなく、汚れたものでもなく、汚れを離れたものでもなく、減るということもなく、増すということもない。それゆえに、シャーリプトラ、実体がないという立場においては、物質的現象もなく、感覚もなく、表象もなく、意志もなく、知識もない。
（中村元・紀野一義訳注『般若心経・金剛般若経』岩波文庫、1960年、181─182頁）

ジャータカ物語の一場面、エカクリンガと王女ナリニが刻まれている、1世紀の銘板。アフガニスタンのベグラム出土。

仏　教

分派と運動

仏教には３つの大きな群れがある。上座部仏教、大乗仏教、チベット密教（チベット仏教）である。これらの群れには、共通の核——例えば、四諦説を支持する——がある一方で、教えと儀式、立地、歴史が異なっている。

上座部仏教

上座部仏教は最も古い群れで、ブッダ本来の教えに最も近い教えを持つ。おおよそ、前250年の第３回仏典結集（ぶってんけつじゅう）のときに始まった。上座部仏教には保守的な傾向がある。そこでは、自分自身の努力によって解脱を成し遂げることが強調される。特に強調されるのが、指南役として、仏教の核を成す経典、すなわちダルマ（法）に従うことである。上座部仏教は、一般的に南アジアと東南アジアの諸国に見られる。すなわちスリランカ、ミャンマー、タイ、カンボジア、ラオス、ベトナムである。欧米では、上座部仏教は、ヴィパッサナー・メディテーションやインサイト・メディテーションに活力を与えている。

仏塔（ストゥーパ）

盛り土の形の仏塔（あるいはチョルテン）は一般的な仏教建造物である。全仏教分派を通して、広く似通っており、さまざまな貴重品を納める、一種の聖遺物箱である。元来は、ブッダ自身の遺骨を入れていたようだが、今日では著名な教師の遺骨を入れている。仏塔が仏塔としての役割を果たすようになる前に、仏塔にはたいてい経典の写しのような重要な物が納められ、それによって「力が込められる」。仏塔は出来事や人を記念するものでもある。仏塔の形はダルマすなわち仏教の教えを象徴している。概して仏塔は、礼拝を捧げる場所、または礼拝の対象として建設される。そこで仏教徒はご利益を得たり、霊的な力を体験したりするのである。下の写真は、ネパールのカトマンドゥにあるスワヤンブナート寺院の仏塔である。

● 参照箇所
仏教、44—45頁

大乗仏教

大乗仏教運動はおよそ後1世紀頃に始まった。大乗（マハー・ヤーナ）とは「偉大な乗り物」あるいは「偉大な方法」を意味する。大乗仏教は仏教に多くの新しい教えをもたらしたし、今でもなお、教えにおいては創造的である。例えば、上座部仏教よりも、遙かに多くの経典を受け入れている。大乗仏教には、救世主のような人物がいたり、また幾つかの、洗練された複雑な哲学も発展させたりした。大乗仏教は、細かい歴史的な出来事には関心がない。例えば、歴史上のブッダがいつ何をしたとか、実際に何を教えたとかは気にしない。この革新的傾向のゆえに、大乗仏教徒は、保守的な仏教徒（上座部仏教徒）をヒナヤーナ（「小乗」）の人と呼んでいる。大乗仏教は東アジア、特に中国・韓国・日本に見られる。

密教

これは「金剛乗（ヴァジュラ・ヤーナ）」であり、このように表現された仏教を大乗仏教の1つと考える人もいる。後6世紀にインドで始まったが、主にチベット、ネパール、ブータン、モンゴル、それから数少ない小分派（例えば日本の真言宗）と結びついた。密教は単に「チベット仏教」あるいは「北方仏教」として知られるときもある。部分的に大乗仏教の教えに基づいているが、タントラやチベット生粋のボン教やシベリアのシャーマニズムにも依拠している。密教は、瞑想と師の直伝との上に宗教的な修行を発展させた、また救世主のような人物、すなわち菩薩という概念を高い段階にまで発展させた。1960年代初期から欧米諸国中に、チベット仏教学派の新しい諸派が広がった。

阿羅漢や菩薩という理想像

上座部仏教で、阿羅漢（あらかん）は涅槃（ねはん。ニルヴァーナ）に到達した人であり、涅槃においては執着・憎悪・惑わしは永遠に滅却されている。阿羅漢はみな同じというわけではない。教師になる人もいれば、卓越した瞑想者（超能力がある）になる人もいたり、禁欲的な生活をしたりする人もいる。「阿羅漢という理想像」はあまりにも個人主義的であるために、批判されるときもある。

大乗仏教によれば、菩薩（ぼさつ）とは涅槃の境地に至る資格のある存在であるが、それを放棄し、憐れみを行うために、自分の善行によって得た果報を他の人々に振り向ける。菩薩は人間であるかもしれないし、あるいは天上の救世主であるかもしれない。このように「菩薩という理想像」——大乗仏教独自の理想像であり、チベット仏教または密教で大いに発展した——は涅槃に至る道を助けると同時に、人々が憐れみという倫理を育てるきっかけを与える。知恵と「熟練した手腕」とをもって、すべての衆生（しゅじょう）を救うために、菩薩は働くことができる。

ダライ・ラマは、厳密にはチベット仏教のゲルク派だけの指導者であるが、実際にはチベット仏教全体の霊的な指導者である。ダライ・ラマは生きている菩薩、観世音菩薩の生まれ変わりである。ダライ・ラマは亡命し、チベット政府の指導権を、2011年に選挙で選ばれた首相に委譲した。ノーベル平和賞（1989年）を受賞し、世界各国を巡り、平和と憐れみを訴え続けている。

仏教分派の例

上座部仏教学派

1. ヴィパッサナー・メディテーション
2. タイ森林瞑想派 （The Thai Forest Tradition）
3. インサイト・メディテーション・センター

大乗仏教学派

4. 禅（中国ではチャン、韓国ではソン）
5. 浄土教
6. 創価学会
7. 国際カダム派仏教連合
8. 大乗仏教保存財団 （FPMT）
9. 西洋仏教兄弟団 （現トリラトナ）

チベット仏教／密教学派

10. 真言宗（日本）
11. チベット仏教の4分派。ニンマ派、サキャ派、カギュ派、ゲルク派

仏　　教

欧米の現象

1800年代に、ヨーロッパ諸国の植民地の探検家や学者が多くの仏教経典を翻訳して以来、仏教は欧米に到達し始めた。1893年に、セイロンの仏教改革者アナガーリカ・ダルマパーラ（1864—1933年）がシカゴ万国宗教会議に参加した。ダルマパーラを、アメリカ仏教の創始者と見なしていいだろう。アジアから来た仏教徒との繋がりを保てたのは、移民が来たからである（例えば、1850年代から日本人がアメリカに移民した）。また中国人は、ゴールド・ラッシュ（1848年カリフォルニア、1851年オーストラリアのビクトリア、1866年からニュージーランドのオタゴ）のときに働いた。

しかし、欧米で仏教への関心が爆発的に高まったのは、1960年代になってからである。これはひとつには、1959年に中国がチベットを侵攻したのに伴って、ダライ・ラマがチベットからインドへ亡命したからである。またチベットの僧侶や難民もチベットから逃れて、欧米諸国に住居を構え、多くの者が宗教施設を設立したからである。さらに欧米の人々は1950年代と1960年代に禅宗に惹かれるようになった。こうした仏教への関心が最初に現れたのは、主にアメリカだったが、徐々に西ヨーロッパでも関心が高まり、やがて他のヨーロッパ諸国にも広がった。

今日、夥しい数の仏教の流派と系統とが、急速に欧米で成長している。アメリカ合衆国とオーストラリアの両国に関していえば、2000年以降の人口調査で、仏教が最も急速に成長している宗教であることがわかる。ロサンゼルスには今、その統計の中に出てきた、すべての仏教の流派がある。

欧米における新しい仏教の教派

社会参画仏教（Engaged Buddhism）は、強い社会・倫理的な推進力を持っているために、勢力を増している。これは貧困・紛争・環境問題といった欧米の社会問題に「参画する」仏教である。緑の仏教、フェミニズム仏教、黒人仏教、同性愛仏教はみな、今や認知されている運動である。ほかにもアメリカ仏教、ドイツ仏教、オーストラリア仏教についても語ることができるが、これらはみな、独自の文化を表現している。

仏教とハリウッド

ブッダの生涯はエドウィン・アーノルド卿の叙事詩『アジアの光』（1908年）とヘルマン・ヘッセの著書『シッダールタ』（英語翻訳版、1951年）を通して、欧米でも一般に広く知られるようになった。コンラッド・ルークスが1972年に製作した映画版「シッダールタ」は、2002年に再公開された。1990年代には、仏教を主題にした映画が目覚ましいほど量産された。これらの映画は主にチベット仏教をテーマにしたもので、「リトル・ブッダ」（1993年）、「セブン・イヤーズ・イン・チベット」（1997年）、「クンドゥン」（1997年）、「ザ・カップ」（1999年）である。仏教の要素を持つ映画も、製作されるようになってきた。例えば、「スター・ウォーズ」シリーズの根底には一元論があり、これは仏教的であると論ずることができる（ジョージ・ルーカス監督は仏教徒である）。

ハリウッドと音楽業界の両方で、「仏教徒の有名人」が仏教の注目度を押し上げている。リチャード・ギア、スティーヴン・セガール、ティナ・ターナー、ハービー・ハンコック、ユマ・サーマン、シャロン・ストーン、ハリソン・フォード、オーランド・ブルーム、ケイト・ボスワース、ゴールディ・ホーン、アダム・ヤウクはみな、仏教徒と見なされていたことがある。

欧米のメディアと有名人は、仏教を心理学として、あるいは世界平和と憐れみをもたらす手段として、あるいは単にお洒落な流行として宣伝している。欧米に現れる仏教は、商業化しやすい。

参照箇所
日本の宗教と神道、104―105頁

欧米の仏教とアジア仏教の違い

　一般に認められているように、アジアの仏教と欧米の仏教とは違うように見える。欧米諸国では、「移民の仏教」（アジア系の移民が持ち込んだ仏教）と「改宗者の仏教」（欧米の「改宗者」が自分のために創始した仏教）とについて語ることができる。アジアの仏教と欧米の仏教との違いを、下に幾つか取り上げる。

定着の速さ
　アジアに仏教が定着するまでには、何百年も、おそらくは千年もかかっている一方で、欧米諸国の中には、10年もかからずに仏教が根づいた国もある。

多様性
　それぞれ個別の文化に属する仏教の教派が、1つの特定の国を占めるのがアジアであるが（例えば日本の禅）、それとは対照的に、欧米の都市では、仏教のすべての教派が隣り合って、肩を並べている。そのため、人々により多くの選択肢を提供し、また教派間でも重なる部分が出てくる。

指導者層
　指導者層の構成が変化しつつある。アジアで、長年にわたる厳格な教えと儀式とによって訓練され、任職された僧侶が、欧米の学者である在家信徒の指導者にとって代わられている。

政治
　アジアには、幾つかの仏教国（タイ、ブータン、スリランカのような）があるが、欧米には、仏教国あるいは仏教徒が多数派を占める国はない。

権威
　欧米の仏教徒の共同体（僧伽）は、アジアの僧伽より、民主的、かつ平等である傾向があり、仏教団体を導いたり、教えたり、著述を行うときにも、女性に大きな発言力がある。これは一般の信者が、しばしば高い教育を受けているからかもしれない。

多様な教え
　核を成す信仰は多様である。カルマや輪廻転生、それに関連した教義は、欧米でも受け入れられているが、その解釈は、アジアでのもともとの意味と異なっている。核となる一連の信条という考えそのものが、欧米で拒絶されることもある。欧米の仏教徒の多くは、異なる複数の教派から、気に入った教義を選び出している。

バリー・オブ・ザ・テンプルズ記念公園にある日本仏教の平等院。アメリカ合衆国ハワイ州のオアフ島山岳地帯にある。

中国の宗教

三　教

　中国には主に3つの宗教、つまり道教・仏教・儒教がある。これらはときに三教と呼ばれる。中国では、「中国の宗教」について語ることができるが、「中国の宗教」といえば、この三教が独特に混ざった宗教のことを意味する。これら3つの宗教は、互いに排斥し合うことはなく、教えや儀式について、多くの点で融合し合い、絡み合ってきた。それは、1つの包括的な世界観の3つの部分と見なすこともできる。特に儒教は、宗教というよりも1つの社会哲学と考えることができる。

　しかし三教はそれぞれ、寺院・書物・儀式において、独自の表現をしている。さらにそれぞれに独自の歴史があり、それぞれが国教の地位を獲得しようとして、そのつど、皇帝の好意を得ようとしてきた。道教と仏教とは庶民の宗教であり、一方、儒教は国家の哲学であったといえるだろう。

仏教の影響

　儒教と道教とは当初（前5世紀から前2世紀頃）、特に他宗教とは接触せずに発展した。ゆえに、独特な思想と実践とを発展させた。中国の国内で、儒家と道家とが討論することによって、両者の世界観の形成が促され、両者の世界観が違うこともしばしば明確になった。前1世紀に仏教がインドから伝わると、両者は仏教に影響された。道教は禁欲と瞑想とを重んじる伝統を受け入れ、儒教は仏教に照らし合わせて、自らの哲学を見直して変化させた。

　明朝時代（1369—1644年）に、林兆恩（1517—98年）は三教を合一しようとした。つまり、仏教と道教とに見られる厳格な禁欲と瞑想という伝統を、儒教に見られる隣人への思いやりと調和させようとしたのである。

他宗教の影響

　中国はキリスト教のさまざまな教派（東方シリア派、カトリック、プロテスタント）にも影響されてきた。イスラム教は、中国国内では有力な少数派の宗教であり、共和主義と共産主義という政治的なイデオロギーは、20世紀の中国史を支配した。

　にもかかわらず、融合・一致・調和という理想は中国の世界観のあらゆる側面に浸透している。中国の宗教の主な特徴は、倫理的な行為と社会的な繋がり（生者とも先祖とも）と自己実現であり続けている。

北京の天壇
　皇帝は天の息子であると考えられ、天に代わって地上の事柄を管理した。天壇は祭壇で、そこで皇帝が豊作を祈った。1998年に、天壇はユネスコの世界遺産に登録された。

● 参照箇所
仏教、46—53頁
道教、56—59頁
儒教、60—65頁

中国の「三教」に共通の思想

道教・仏教・儒教は幾つかの共通する根本原理を共有している。次の表はニニアン・スマートの著書『世界の諸宗教』（1989年）からの引用である。

禅	禅とは、瞑想（サンスクリット語つまりインドの言葉ディヤーナから派生）のこと。瞑想学派の名称になり、日本では禅として知られる。
気	気とは、エネルギーあるいは生命力。
経	経とは、「宗教文書」を意味する総称的な言葉。儒教の5つの古典的な文献〔五経〕に使われる一方で、仏教のスートラや道教の文書にも使われる。
太極	太極とは、易経（最古の古典文献の1つ）と新儒学とで語られる、至高にして究極の存在。あらゆる物事の根源。
太平	太平とは、天上の平和、あるいは終末の王国。これは道教の文献で特に待ち望まれている。この名称は、中国の革命家たちにつけられたことがある。1850年から64年にかけて、中国に新しい秩序を築こうとした者たちである（それゆえ太平天国の乱という）。
道	道とは、自然の働く原理。
天	天は神格化され、また人格化されている。中国の皇帝が担っていた重要な役割の1つは、天を礼拝することだった。これは宇宙の調和と社会の安寧とを確かなものとするためだった。
陽	陽とは世界の男性的な原理。陰と陽の調和が中国の世界観の基礎を形成している。
陰	陰とは世界の女性的な原理。

陰と陽

中国思想において対極にあるものは、互いに排斥し合うものではなく、補足し合うものである。ゆえに女性―男性、闇―光、知―無知、若さ―老い、可視―不可視、冷たい―熱い、水―火、大地―空気は互いに結びついていて、互いに依存し合っている。それらは陰と陽との、互いに欠けを補足し合う面である。これらは互いを成り立たせ、互いの関係の中でのみ存在することができる。陰と陽とは物質的な世界に関する概念であって、倫理的な質はない。互いに補足し合うものとしての善と悪という概念が、後に儒教という文脈の中で発展した。これは陰と陽に関わっている。写真は、オーストラリアはシドニーのダーリングハーバーにあるチャイニーズ・ガーデン・オブ・フレンドシップの床にある、みかげ石に刻まれた陰と陽とのシンボル。

初期の中国の宗教

中国の歴史は前4000年頃にまで遡る。黄河とその支流の広大な水系の周辺に、文明が生じた頃である。社会は農業を基盤としていた。エジプトやインダス文明のように、川は神と見なされていた。川は作物に滋養をもたらしたが、人々を罰することもできた。氾濫のときがそうである。そのようなわけで、黄河は「母なる河」と考えられていたものの、恩恵であると同時に呪いでもあると見なされていた。古代中国人は、黄河は天から流れ出ていると信じていた。黄河は天の川の続きであり、その天の源を探しに、川に沿って霊的な旅に出かけた人の伝説が多くある。人格化された天の概念が現れたのは、周（前1046―前256年）の時代だった。こうして、それ以来、「天の命令」は、歴代の皇帝が宣言してきた。そのようなわけで、孔子は、宇宙（天）の秩序という概念と、私たちを取り巻く世界（川と収穫）の秩序という概念と、社会の構造（家族）の秩序という概念とを、容易に一緒にすることができたのである。

道　　教

教師と発展の歴史

中国思想におけるダオあるいはタオという言葉は、「道」を意味する。道教は経典・信条・儀式が整っている宗教ではない。むしろ、中国の古代に端を発する思想を集積したものである。その中には、自然を深く愛したさまざまな隠者も含まれていた。道教を「自然神秘主義」と呼ぶ人もいる。社会的な観点からいうならば、道教は、都市に対抗する自然として理解することができる。あるいは、中国北部の都会に対して反乱を起こしている南部の田舎として理解することもできる。道教は「この世的」である。しかし道教によれば、私たちはコンクリートでできた都市に住むことによって、私たち自身になるのではなく、むしろ山々の間に住むことによって、ダオすなわち究極の道に近づくことができる。真の人間になるためには、社会の期待に制限されてはならない。むしろ「道」を歩き回り、「道」とともに放浪する自由を持つべきである。

賢者、老子

老子は中国の賢者であるが、その生涯は謎に包まれ、生没年の特定も難しい。老子はおそらく前6世紀（孔子より先の時代）の人だろう。老子は一般に、道教の創始者と考えられている。

道徳経（老子）

伝承によれば、道徳経（「道と徳の古典」）は、老子が書いたとされているが、いつ書かれたのかについては、見解が一致していない。道徳経は、著者とされている人物にちなんで、単に老子と呼ばれることもある。前半は道を扱い、後半は徳（内面の強さ）を扱っている。

道徳経は81の短い章で構成され、短く鋭い格言や声明から成っている。詩文の形式もしばしば用いられている。主題は為政者に対する政治的助言から、一般の人々に対する日常生活の具体的な知恵まで、多岐にわたる。幾つかの格言は意図的に矛盾している。最低限の句読点しかなく、あたかも本文を曖昧にしようとしているかのようである。このことは、道をぶらぶらするような道教徒のやり方になじむものである。理想的な精神生活とは、繁茂することである。繁栄するためには、言語の規則や社会の規則によって規制されてはならない。自分自身も含めて、森羅万象の源は、自然・直感・自発性・自由の中に見出される。曖昧さや不明確さは大切なこと（徳）である。

道徳経は、（聖書に次いで）世界で2番目に多く翻訳されている書物である。

道教徒は、質素な生活に焦点を当てる。それは、自然に対する愛に根ざしており、この風景画にも示されている。絹地に墨で描かれたこの掛け軸は後990—1040年製で、范寛の作。

● 参照箇所
仏教、46―53頁
中国の宗教、54―55頁
儒教、60―65頁

賢者、荘子

老子の生涯と同様に、荘子の生涯も、伝説の影に隠されている。しかし孔子の弟子である孟子とほぼ同時代（前300年頃）の人物であったかもしれない。荘子が書いたとされる主な文書は、荘子の名で呼ばれているが、実際には複数の著者がいたと思われる。

荘子

道徳経と違って、荘子は政治に関しては冷ややかである。荘子は、社会的な因習を放棄するように呼びかけているが、その際にはユーモアと寓話を用いている。ゆえに荘子は、破壊的であるかのように見なされるけれども、自然の神秘的な原理、すなわち「道」にかなった生き方を求める、実は考え深いライフスタイルを提唱してもいる。荘子では、すべてが変化し流転するのだという事実を強調し、この事実に抵抗する人間は無益だとも強調している。荘子は、簡素であることと、おおらかであることとを称揚している。

老子と荘子とが著した書は、後の中国の思想家に影響を与えた。また人々に、人間存在を超えて不滅に達する1つの方法を提示した。そのためには、人々は「天地の秘密を盗み出さなければならない」。すなわち、自然そのものから命の神秘の意味を摑み取らなければならない。

> ### 道徳経（老子）からの引用
>
> 　現道の道とすべきは、常の道に非ず。名の名とすべきは、常の名に非ず。
> 　名無きは天地の始め、名有るは万物の母。
> 　故に常に無欲にして以て其の妙を観（み）、常に有欲にして以て其の徼（きょう）を観る。
> 　此の両者は、同じきに出（い）でて而（しか）も名を異にす。同じきをこれを玄と謂（い）い、玄の又（ま）た玄は衆妙の門なり。
> 　道徳経冒頭部分より（金谷治『老子――無知無欲の勧め』講談社学術文庫、1997年、15頁）

中国には多くの神聖な山があり、中国の主要な3つの宗教全部と関連しているものもあれば、その中の1つにだけ関わりを持つものもある。一般に、5つの山が道教と結びついている。土占いによって、山頂が形作る型が定義されている。皇帝はこれらの場所に敬意を払ってきたし、現代も巡礼者の目的地である。これらは泰山、華山、嵩山、恒山、衡山である。今日なお、これらの山は吉兆をもたらすとされ、多くの巡礼者を惹きつけている。

道教

主な思想と影響

中国の三教（仏教・儒教・道教）は融合し合い、混ざり合っているとはいえ、なお幾つかのはっきりした相違点がある。ある意味で、道教は儒教の対極にある。儒教では、社会の中における完璧な男性と完璧な女性という理想像を描く——儒教では、社会のあらゆるものを神聖化する。道教では、人々が社会から離れて、自然に還るように招く。神聖なものは、通常の社会的な規範の外にある自発的な経験の中にある、というのである。儒教の目的は賢者になること、つまり社会に仕える知恵者になることである。道教の目的は、不死を得ることである。寿命を長くするために、道教は古来から伝わる占い・錬丹術・瞑想を用いる。もし儒教が、中国における倫理の導き手であり、社会における行動についてのよい教師であるとするならば、道教は魔法の庭園であって、そこで好奇心旺盛な子供たちが自由に遊んでいるのである。

無為——何もしないという行為

森羅万象に充満している根本原理が道である。道教の経典が教えるには、私たちは道に従うべきである。自然は自発的に活動しているのだから、私たちにも自発性と自然さが必要である。だが、そのために努力したりはしない。道とは、従っていくべきものではない。それどころか、逆説的にいえば、無為すなわち何もしないことによって、道を見出すのである。変化に抗うのではなく、変化を受け入れることによって、また流れに逆らってもがくのではなく、むしろ「流れに乗ること」によって、自然と調和して生きることができ、またそれゆえに物事をあるがままに見ることができるようになる。名前がつけられる世界とは、名前をつけることができない実在の世界である。

虚無

「虚無」は道教の主題である。山がある所には谷がある、水は形がなく流動する、鍋は空だが、満たされるために存在する。したがって、無為・自然・受動・静寂、これらのものは内なる静けさに至る道である。儒教は行動的で、社会的で、しきたりを大切にするのに対し、道教は黙して語らず、無政府主義的で、直観的である。究極的には、道教はまったく思想ではないのである。

今日における道教の影響

おそらく今日、道教は世界で最も広く知られた宗教の1つであるが、世界で最も明らかでない宗教でもある。道教の思想の多くは、単に中国的な世界観そのものという織物の中に織り込まれているだけでなく、欧米の思想・社会運動・イデオロギーの中にも織り込まれている。道教は1960年代のカウンターカルチャーに影響を与えた。作家ジャック・ケルアックは、1950年代のビート・ジェネレーションを象徴する人物だが、仏教思想を受け入れていただけでなく、ズボンの後ろのポケットに道教の本を入れて、持ち歩いていた。「ザ・シンプソンズ」のリサは兄のバートに、仏教の禅と道教との両方に基づいた思想から助言している。ハリウッドは道教に基づいた映画を製作した。「ベスト・キッド」（1984、2010年）と「ミュータント・タートルズ」（1990年）は、その例であるが、一方で、明らかに道教の影響を受けた映画で、中国を主題としたものも人気がある。例えば、ブルース・リーのカンフー映画や「グリーン・デスティニー」（2000年）である。

映画「ベスト・キッド」（2010年）の静止画像。空手と武術は太極拳の姿勢から派生した。太極拳は均衡・集中力・緊張緩和力を深め養うことを目的としている。

道（ダオ）

道教では、信条や儀式がほとんど整理されておらず、多くの点で道教は曖昧である。ともあれ、核となる思想は、道教徒がダオすなわち究極の道とひとつになるように求めることである。この道は名状しがたい。しかし道教徒は、古代の神々に頼って、不死を尋ね求めるのを助けてもらおうとする。自由は、道教全体を通して共通の主題である。政治的ないしは社会的な束縛から自由になり、充実した人生を送り、道と一体になるように求めることである。道とは、存在するものすべて、また変化するものすべての総計と考えてよいかもしれない。荘子によれば、道は「完全であって、すべてのものを包括していて、ひとつの全体ともいえる。これらは、究極的な一者を意味する、同一の現実に対する別々の呼称である」。

風水と太極拳

　古代に行われていた風水は、自然界についての道教の原則に部分的に基づいていた。風水（風と水）は、気すなわち命となる力のバランスを取るために、物の位置を決める技術である。元来は、丘の斜面のどこに墓を掘るかを決めるために使われていたが、今や洋の東西を問わず、ある建築家や室内装飾家はデザインの中で風水を使っている。例えば、ある家のエネルギーの型と見なされるものによって、どの色を使うかが決まるだろう。その家の日陰の部分には、強い赤色、オレンジ色、黄色が使われるかもしれない。

　武術の学校が世界中に急速に増え広がったり、体操としての太極拳に人気があったりするのは、道教の人気の証拠である。太極拳では、修行者は自己の別々な部分を、流れるような意図した姿勢や動作の中で統一しようとする。肉体と精神と霊とが静まり弛緩した状態の中で、強さと意味が見出される。「……の道」という文言を含む書名の本は、あまりにも多くて数えきれない。おそらく、それらの書物では、自己充足、平安、静寂、充実した人生の感覚を得ることを目的としている。これらの境地は可能である、と道教の経典は教えている。これはみな、不死を得ようという追求に役立つ。

　簡単にいうと、生命を涵養しようという理想が、不死を願う熱意と出合うならば、道教にヒントを探すことができる。道教は曖昧で、あまり秩序があるように見えないけれども、中国史を通じて、ある程度の骨組みは現れてきた。幽霊・悪霊・先祖は儀式によって呼び出すことができ、道教徒が不死を追求するのを助けてくれる。不死を獲得した人——神話や伝説に登場する超自然的な英雄——は、本質的に神である。

新年の休暇の間、香港は九龍にある黄大仙祠に参拝者はやって来て、祈り捧げ物をする。寺院自体が、中国の三教すなわち仏教・儒教・道教の聖地である。

儒教

孔子という人物

孔子（前551―前479年頃）は、見識のある教師・政治家・著作家・社会哲学者として知られている。孔子の教えと著書は中国文明に多くの影響を与え、中国文明を形作った。「孔子」の「子」は尊称なので、文字どおりには「孔先生」を意味する。孔子について知ることができる情報の多くは、孔子の死後300年以上経ってから書かれた文献から得たもので、そこでは事実と神話とが綯い交ぜになっている。漢の宮廷歴史家、司馬遷（前145―前85年）は『史記』の中に、孔子の生涯について規範となる多くの物語を記した。

シャカムニ・ブッダ、孔子、中国道教の創始者である老子。18世紀の王粛の絵画。

孔子の前半生

孔子は周朝（前1042―前249年頃）の魯国の曲阜で貴族の家系に生まれた。これは現在の山東省に当たる。乱世にあって家が没落し、貧困のうちに幼少期を過ごした。孔子が誕生したのは、両親の祈りに対する答えだった、と司馬遷は記録している。孔子は、おそらく道教の教師から教育を受け、道教の教えだけでなく、詩と音楽をも学んだ。中年に差しかかるまでには、孔子には何人かの弟子がおり、魯国の政治的な難題に携わった。

孔子の追放と帰還

孔子が50歳になったとき、魯の君主は孔子の能力を認め、政府の要職に就かせた。公僕として多様な職務をこなすうちに、孔子は、貴族階級が農奴に負わせていた数々の不正を知るようになった。政府の官僚でありながら、孔子はこの不正問題に挑んだが、反発する人々が現れたので、追放を余儀なくされた。追放と患難とは、宗教文学に共通して見られる主題である。孔子は少数の弟子を連れて周の諸国を放浪し、自分を雇ってくれる君主を探した。この追放の間に、危険な目に遭ったり嘲弄されたりしながら、孔子の思想は形作られていった。丁寧に読んでみると、この時期の孔子の著作は、古い中国の詩歌や文書をただ祖述しているだけのように見える。しかし完全に独創的でないとはいえ、これらの著作は今や、より深い意味で実際に行動に移されており、その知恵は孔子自身の人生に受肉している。

地図はアジア全体への儒教の広がりを示している。

● 参照箇所
仏教、46―53頁
中国の宗教、54―55頁
道教、56―59頁
日本の宗教と神道、104―105頁

　前484年に、孔子は魯に帰国すると、人々を教え、文学作品を編纂し、魯の宮廷の記録を編集し始めた。これらの著作の内容と質とが優れているので、孔子は、教師や歴史家や学者たちの、そして中国思想史における哲学者たちの気高い先駆者へと押し上げられることになった。

知恵の教師

　死後100年ほどの間に、孔子は君主になるべき傑出した人物だったと評価されるようになった。孟子（前372―前289年頃）は、孔子について「かつてこの世に生まれた人物の中で、孔子ほど偉大な人物はいなかった」と語っている。他の弟子も同様で、例えば荀子（前312―前230年頃）は著書の中で、孔子を知恵の教師と語っている。

孔子の格言

　孔子の格言の多くは、よく知られている。それらは精神的な洞察、政治的な意見、古きよき良識が1つに合わされたものである。孔子の格言は、追放の憂き目に遭った心痛の中から、また政治に携わる生活の中で、日々直面した困難から紡ぎ出されている。以下はその例である。

「非礼は忘れなさい。親切は決して忘れるな。」
「聴いただけでは忘れる。見れば覚える。実際に行えば、理解する」
「やめてしまわないかぎり、どれほど時間がかかろうと問題ではない」
「どんな状況下でも、完全な徳を構成する5つのこと、すなわち真面目・寛容・正直・熱心・親切を実践することができるように。」
「自分と正反対の性質の人に出会ったら、自分の内側を省みて、自分を吟味すべきである。」

著者にして編者

　孔子は中国の古典の多くを著し、また編纂したとされている。その中には、有名な論語も含まれている。論語の中で、孔子は自分自身について記している。「われ十有（ゆう）五にして学に志す。三十にして立つ。四十にして惑わず。五十にして天命を知る。六十にして耳順（したが）う。七十にして心の欲するところに従えども、距（のり）を踰（こ）えず」（久米旺生訳『論語』中国の思想9、徳間書店、1996年、34頁）

儒教の衣装を身に着けている初等科学校の子供たち。南京の孔子廟で、学校の開校を祝っている。

儒　　教

鍵となる思想、教え、論語

「儒教」は、社会の中で倫理に従って生きる方法である。儒教は、孔子の著作と教え、また孔子の著作についての後世の解釈におおむね基づいている。儒教は、時としてまったく宗教とは考えられない。例えば、儒教は何百万もの人々の生活を規制する世界観ではあっても、神の性質に関しては、ほとんど何も語っていない。儒教は、究極の問いを理解しようとするよりもむしろ、日常生活を理解しようとする。儒教を人道主義的な哲学あるいは倫理体系と見なす人もいる。今日の中国政府は、儒教を宗教だとは認識していない。しかし、儒教には儀式と儀礼とがあり、また孔子自身が天という古代中国の思想に依拠しているので、ある種の宗教と考えることもできる。孔子は「天は、私の中にある徳の創造者である」と主張している。

孔子——倫理の教師

孔子は当時の宗教を批判していたが、絶えず地域紛争があったために、実践できる倫理的な生き方を生み出して、人々がただお互いに仲良くやっていけるようにしたいと願っていた。それで孔子は偉大な倫理の教師として最も評価されている。

創始者と指導者

英語では、儒教（Confucianism）に孔子（Confucius）の名が入っているが、実際には孔子が創始したとはいえない。後世の弟子たち——特に孟子（前372—前289年頃）——が、孔子の著作を編纂し、解釈したのである。

儒教には公式の階級制度はなく、聖職者もいない。会衆が集まるような活動もない。しかし実際には、孔子の彫像や肖像が崇拝されたり、また寺院が建てられたりして、孔子を学問の神として尊崇している。

仁と礼

儒教には、仁（徳、慈悲、人間らしさ）と礼（正しい作法、儀礼、徳行・善行）という思想が含まれている。仁と礼とは互いに関わり合っており、5つの人間関係の中に現れる。

1. 君主と家臣
2. 親と子
3. 夫と妻
4. 兄と弟
5. 年上の友人と年下の友人

これらの関係は、よい社会の基礎を築く。こうした関係は孝心の現れであり、この孝心はさらに先祖にまで及びうる。

儀　礼

倫理的に生きるためには、「儀礼」として知られる、ある種の儀式に参加しなければならない。しかしこうした儀礼とは、礼拝や祈りではない。また、神々の好意を得ようとする（雨乞いのような）のでもなく、人々を悪から救おうとするのでもない。むしろ、その儀礼には、共同体を結びつけ統合する手段としての働きがある。そこで例えば、年ごとの墓所を清掃したり、寺院の境内で頻繁に香を焚いたり、年長者に敬意を表したりする。こうした団結は、この世におけるこの人生だけに限らず、逝去した先祖とも結ばれる。この根底にあるのは、均衡と調和とを重んずる思想である。もし儀礼がなされないと、宇宙の調和が損なわれ、共同体は破壊される。

教　育

儒教は社会倫理、すなわちどのようにしたら社会でよく生きられるかという課題に関わるので、いきおい教育が重要になる。孔子は、知識を得ることよりも、人格を形成することが教育であると信じていた。社会が改革され、一致と調和とが保たれるためには、自己を修練するしかない。したがって、社会哲学・政治哲学・法体系にも儒教の理想が見受けられることは、驚くに値しない。

鍵となる儒教の概念

孔子にとって、人間の問題とは混沌であり、その解決策は秩序である。秩序は倫理を通してもたらされる、または家族・社会・政治における正しい人間関係を通してもたらされる。儒教の倫理は、世界における5つの主要な不変のものとして表現される。

- ■ 仁——人間性、人間らしさ
- ■ 義——正義、公義
- ■ 礼——礼節、礼儀作法
- ■ 智——知識
- ■ 信——誠実

孔子は必ずしも独創性を示ししはしなかったが、代わりに以前からある教えを活かした。孔子の信念によれば、人々は過去の伝統から学んで、今どのように振舞うべきかを知るべきだった。有徳の士は、賢い先人の例に従うべきである。

儒教の経典

儒教の古典は5つある。

1. 書経——孔子の時代以前からある諸文書を歴史的に編纂したもの。
2. 詩経——詩歌の本。
3. 易経——占いと哲学の便覧。今日、欧米で人気が高い。
4. 礼記——多様な儀式を収録したもの。
5. 春秋——魯国の編年体の記録。

さらに、儒教教育の教程を構成し、中国の王朝の官僚が習わなければならなかった4つの書物がある。それは論語、中庸、大学、孟子である。

論　語

論語は最もよく知られている儒教の経典である。20篇（あるいは書）から成り、儒教の思想を理解するための鍵となる情報源である。論語は、孔子の弟子たちによって幾らか後世になってから付け加えられた文書から成るものかもしれない。おそらく論語は、孔子が死んで何年かしてから書かれ、後に続く多くの中国の文学に活力を与えた。論語の10篇には、思想家であり教師としての、孔子個人の姿が記されている。この伝記のような経典には、理想的な人物あるいは「君子」としての孔子が描かれている。このように孔子は、上品・礼儀・作法の傑出した模範である。

論語は、儒教思想の4つの基本概念を概説している。

1. 慈悲、人類愛、人徳
2. 万物における中庸、自然との調和
3. 年長者に対する礼儀、義務、よい社会的関係を定義する規則
4. 正しく名づけることによって、物事の性質を認識する

2008年北京オリンピックの開会式で、儒教の論語を唱える俳優たち。

儒教

中国の遺産

儒教とは、「人格によって混沌に打ち勝つ」ことであると理解することができる。別の言い方をすれば、「君子であるとは、どういう意味か」あるいは「どうしたら賢者になれるか」である。中国の初期では、この問いについて熱い議論が交わされた。特に道教徒と儒教徒との間で議論されたが、また同時に、それぞれの宗教に属している人々の内部でも議論がなされた。どうしたら、よい人格を身に着け、倫理的な生活が送れるか、という問いは、国家にも適用された。どうしたら国家は「賢明」になり、人々によい人格を養わせ、一致を促し、知恵を授けることができるだろうか。

孔子の後に、何人かの傑出した学徒が続いた。弟子たちはこれらの問いに取り組み、孔子の業績を発展させた。よく知られているように、中国の思想のほとんどが、孔子によって形作られた。すなわち、教育・政治・社会構造・経済に関する考え方である。宋（後960―1279年）時代に「新儒教」として2つの思想学派が現れた。「理学」と「心学」である。両学派とも、賢者になるとはどういう意味かを探求した。儒教は韓国、日本、ベトナムの宗教的世界観に、かなりの影響を与えた。

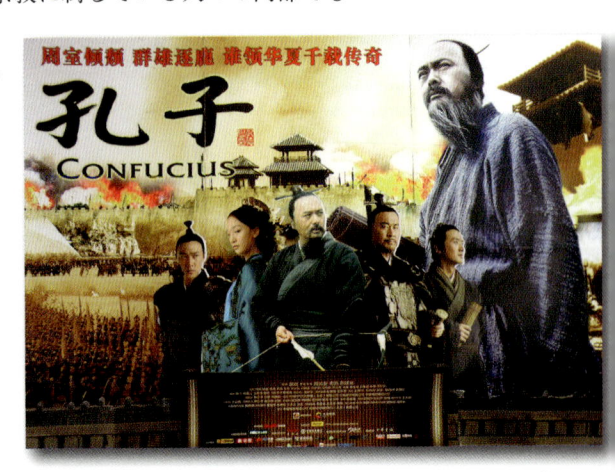

中国製作の映画「孔子」のポスター。人気俳優チョウ・ユンファが主演して、2010年に欧米の評論家から高く評価された。

家族

儒教は調和について大いに語っている。個人・社会・政治の領域は複雑に絡み合っている。ある意味では、家族と国家とはひとつであり、同じでさえある。賢い家長になるための訓練は、賢い君主になるための訓練と本質的には同じである。ある儒学者は、国家は家族であると語っている。調和とは、家族への義務と見知らぬ人への義務とのバランスであり、善と悪とのバランスであり、現世と来世のバランスであり、謙遜と力とのバランスであると理解されている。人は常に、これらの明らかな逆説の中に調和をもたらすことを求めて行動すべきである。

天

儒教は「地上の」ことに関わっている、すなわちこの地上でよい生活を送ることに関心があるとはいえ、天という概念は儒教全体を通して織り込まれている。天はある種の至高神である、と孔子はほのめかしている。もう1人の重要な儒教思想家の孟子はもっと曖昧であり、哲学者の荀子は明らかに、より汎神論的だった。荀子は、天は宇宙そのものであると信じていた。しかし天は、人が死ぬときに、よい行いに対して与えられる報酬であるとか、あるいは人が死後に行く場所としては考えられていなかった。善は、それ自体が報酬であった。

孔子の後継者

孟子（前372―前289年）

中国の大変な社会的動乱の時代を生きていたが、孟子が唱導した思想は、人は本質的に善であるということだった。この善は、人は「天道」に繋がっているという思想から出てきている。仁（他者を配慮することを通して人になること、あるいは単に「人間らしさ」）という概念を敷衍して、孟子は、何らかの直観的な神秘主義が、悟りを得た賢者になるという喜びへと導いてくれると信じていた。この理想主義は、為政者が人民の最善を求めるべきであるとも暗示している。

荀子（前312―前238年）

孟子の理想主義に反して、荀子は現実主義者であり、人は基本的に自分勝手であると考えた。しかし、人は学ぶことで改善できる。迷信に勝るものとして、荀子は合理主義を唱導した。荀子は伝統や儀式を弁護して、こうしたものによって人の心を変えることができると信じた。もし人が日常生活の核として儀式を行わないならば、孔子と孟子との教えを守ることはできなくなる、と荀子は信じていた。

朱子（後1130―1200年）

「新儒学者」として知られているが、朱子は儒教の思想だけでなく、道教や仏教の思想も活用した。朱子は儒教の理想である仁について、また仁のために瞑想するように勧めた。もし理想的な賢者になりたいのなら、倫理と瞑想とを協同させなければならない。この自己修練と「すべてを吟味すること」とは重要で、これは少しずつできるようになる。人は、（瞑想を通して）自分自身を知るようにし、自分本来の天性（それはよいものである）を完全にすべきである。1300年代から1900年代にかけて、儒教に対して行った朱子の儒教解釈は、中国の政府官庁に勤めるすべての文官にとって規範とされた。文官は、膨大な試験を受けなければ、その職を得ることができなかった。

王陽明（後1472―1529年）

新儒教学派の中にあって、王陽明は、人生の目的は賢者になることであるという点では、先輩と一致していたが、瞑想によって少しずつ進歩するという朱子の方法は否定した。王陽明の信ずるところによれば、道つまり究極の精神とひとつになるという悟りの経験だけが、賢者の域に達するのに十分な方法であった。

1967年の文化大革命で、赤い旗と毛沢東のポスターを手に、行進する群衆。

> **儒教の「黄金律」**
> おのれの欲せざるところは、人に施すなかれ。
> 論語第15篇24（久米旺生訳『論語』中国の思想9、徳間書店、1996年、228頁）

儒教と20世紀の課題

伝統に対する意識が強く、上下関係を大切にする性質のゆえに、儒教は民主主義を妨げ、女性を服従させ、経済の発展を抑えつけるとして批判されてきた。例えば、儒教における理想の社会では、賢者が独裁支配をする、すなわちエリートが一般の人々を支配することになっている。理想の社会とは、調和と平和のある社会である。儒教では、言論の自由のような人権を推奨することはない、と。

今日の中国政府は、イデオロギーとしては共産主義だが、儒教の価値感を維持するようにしてきた。国家の「調和」というものが再定義された。ここには、未来に向かって前進するためには、社会の秩序と継続性とを維持していかなければならないという認識がある。共産主義はすべての人を平等にした。それは、すべての人が礼節を保って行動するためである、と。そのように今日の政府は、儒教に訴えることによって政策を正当だと説明している。

中国と台湾とでなされた目覚ましい経済発展も、儒教の観点から説明される。強い経済は、強い国家、良質な教育、模範となる家庭を要求するものだ、と。しかし、女性にとっては、強い父子関係の中で表現される親孝行の精神は、問題になっている。儒教の観点から見て、理想的な女性になるためには、家族の面倒を見て、夫に従うべきである。結婚は調和と長寿とを象徴しているが、現代の夫婦は、互いに支え合うこととか幸福といった、別の目的を好むかもしれない。

ユダヤ教

歴史的な基礎と概観

ユダヤ教はユダヤ人の宗教だが、ユダヤ人の全員がユダヤ教に積極的に関わっているわけではない。預言者モーセが歴史上の焦点となる。しかしユダヤ教の根源はさらに古く、アブラハムの中にある。多くの人々が「ユダヤ人の父祖」と見なしている人物である。ユダヤ人は、民族としてはアブラハムの子孫であり、神がユダヤ人に「約束の地」を与えたと主張している。これは、現代イスラエル国家の現在の領土より、わずかに大きい地域である。出エジプトはユダヤ人を定義する出来事であり、ユダヤ人のアイデンティティーを形作った。この出エジプトを導いたのが、モーセであった。出エジプトとは、エジプトでの奴隷状態から脱出して、約束の地へと行く旅であり、その間にモーセは民のために、神の律法を授かった。

ユダヤ教は、おおよそ3000年にわたる歴史の中で、かなり変化してきた。今日、ユダヤ教は世界の諸宗教の中で最も小規模なものの1つであり、一見すると、現代イスラエル国家に限定されているにすぎないように見える。イスラエルの人口は、800万人ほどで、これらの人々の約75%が、最も広い意味でのユダヤ人である。しかし、世界中には1400万人ほどのユダヤ人がいる。これは、諸帝国の興亡によって、ユダヤ人がたびたび散らされてきたことを証明している。そこで多くのユダヤ人は祖国を離れ、世界各国に新しい家を見つけてきた。

ユダヤ教の成立

私たちが今日知っているユダヤ教は実際には、前586年にエルサレム神殿が最初に破壊された後に形成され始めた。バビロン捕囚の間、ユダヤ人は聖地、特にエルサレム神殿から切り離された。結果的に、ユダヤ人は「可動式の」宗教を編み出さなければならなくなった。もろもろの宗教儀式をエルサレム神殿で祭司が執行するのは、もはや不可能になった。ヘブル語の聖文書を書き記して、捕囚の人々が広く利用できるようにしなければならなかった。礼拝も新しい形態をとらなければならなくなり、シナゴーグと呼ばれる新たな宗教施設で、歌ったり、教えたり、聖文書を朗読したりするようになった。犠牲を捧げる制度は、エルサレム神殿で捧げる礼拝においては、まさに礼拝の中心であったが、バビロンにあるシナゴーグでは不可能だった。

ペルシアでの捕囚から、ユダヤ人がエルサレムに帰還した際（前538—前433年の間に、幾度かにわたって帰還した）、ユダヤ人はこれらの新しい形態の礼拝を持ち帰った。神殿は、ローマ帝国支配下のヘロデ王（前74—後4年頃）の時代までに、何度か再建・改修された。この神殿は後70年に破壊され、ユダヤ人は再び、世界各地に離散した。

左：ティトゥスの凱旋門はローマのヴィア・サクラに位置する、戦勝を記念する建造物である。後82年頃、ドミティアヌス帝が、エルサレム略奪を記念して建造した。ローマの軍隊がメノラー（燭台）を持ち去る描写が呼び物となっている。

右：エルサレムの嘆きの壁の前で、仮庵の祭りの最終日に、シムハット・トーラーを祝っている、象徴としてのトーラーを持って踊るユダヤ人。トーラーの年間通読がこの日に終わり、ユダヤ人は次の年間通読に備える。

● 参照箇所
キリスト教、76―77頁
キリスト教、80―81頁

族長制度と契約

アブラハムやモーセのほかに、他の族長（「父祖」）もユダヤ教では重要な役割を果たしている。族長の物語は、ヘブル語聖文書の最初の5つの書――「モーセの書」あるいは「モーセ五書」――に記されている。これはキリスト教の聖書における最初の5つの書でもある。契約はユダヤ教において中心的な役割を果たしている。この契約は神と族長たちとの間に交わされ、モーセが指導していたときに完全な形を現した。しかし、例えばノアとの契約は、異邦人（ユダヤ人以外）のためでもあった。

生き方

契約の思想を中心として、この世界でどのように生きるか、に焦点を当てるのがユダヤ教であるといえる。これはまた、今ここで、神の民に神が期待しておられることに従って、どのように生きるかに焦点を当てることだともいえる。それゆえに儀式と倫理とが、ユダヤ教において重要になってくる。

トーラー（律法）

トーラーとは、ユダヤ教聖書の最初にある5つの書巻につけられた名称で、一般に著者はモーセとされる。広い意味では、トーラーはまた、「書かれたもの」を意味し、口承伝承を書き留めたタルムード（後3世紀）やミドラーシュ（今日も続いている、解釈の伝承）も含みうる。

シナゴーグ（会堂）

「シナゴーグ」はギリシア語の言葉で、ヘブル語でいう「集まり」、あるいは、より正確には「祈りの家」という概念を含んでいる。シナゴーグが形成されたのは、バビロン捕囚（前6世紀）に遭ったからだと考えられている。言い換えれば、捕囚の人々は、もはやエルサレムの神殿には行けなかったので、バビロンで「集まり」を開き、一緒に祈ることで互いに結びつけられたのだった。シナゴーグのおかげで、ユダヤ教は「持ち運びできる」ようになった。つまり、離散したユダヤ人は、神殿を象徴する、聖別された場所に集まることができるようになったのである。おそらく、社会的なアイデンティティーを確立したい、結びつきを深めたいという必要のゆえに、今日のシナゴーグには、コミュニティー・センターとして追加の機能が付加されていることが多い。

神殿

神殿は、エルサレムのシオンの山（後に「神殿の山」として知られる）の上に建てられ、神の名の宿る場所、あるいは神の「足台」と見なされていた。神殿は幕屋の延長線上にあり、幕屋とはイスラエル人がエジプトの束縛から逃れたとき（前1400年から前1200年の間のいずれかの年代と推定されている）に用いた移動式の天幕である。神殿建設はダビデ王の強い希望であったが、前10世紀に「第一神殿」の建設を成し遂げたのは、ダビデの息子ソロモンだった。アッシリアの危機（前700年頃）の際に、神殿は略奪され、バビロンとの戦争（前586年）のときに完全に破壊された。第二神殿は、エズラと帰還した捕囚たちによって再建され、前517年頃に完成した。その後、ヘロデ大王（前4年没）によって大改築された。後70年に、第二神殿はローマ人によって、最終的に破壊された。今日、かつて神殿が建っていた山の上にはアル＝アクサ・モスクがある。西の（あるいは嘆きの）壁は、神殿の山の麓にあり、今日なお遺っているヘロデ神殿の唯一の遺構である。西の壁は、ユダヤ教の最も神聖な場所の1つと考えられている。

契約

ユダヤ教は、神とイスラエル人との関係の性質を規定する契約の上に成り立っている。従順であるならばその見返りとして、神はイスラエル人に祝福を与える、とその契約は保証していた。イスラエルの歴史を通して、その契約はさまざまに解釈されている。アダム、ノア、アブラハム、モーセ、ダビデのそれぞれと結ばれた契約、祭司の契約、さらには約束されている新しい契約についてさえも語ることができる。契約に関連したさまざまな象徴が、広く知られている。ノアの虹と割礼（モーセによって規定された）とは、ほんの2つの例にすぎない。

ユダヤ教

族長、モーセ

ユダヤ教では、モーセが最初にして、最も偉大な預言者と見なされている。エジプトのファラオがヤコブとその息子たちを招いて、エジプトで暮らすようにと勧めた後で、後継のファラオたちはヤコブの子孫があまりにも多くなったことに気づいた。そこでファラオはヤコブの子孫を無理やり奴隷にしてしまった。時は前二千年期の終わり頃である。このことは、ユダヤ教トーラーとキリスト教旧約聖書の最初の書巻、創世記と出エジプト記とに記されている。人々が奴隷状態の中で神に叫んだところ、それに応えて神はモーセを誕生させた。ヘブル人に男児が生まれたら、みな処刑することになっていたが、葦の茎で編んだ籠の中に入れて、ナイル川に浮かべられたモーセは、かろうじて乳児期を生き延びた。ナイルの川岸で、籠の中にいた乳児のモーセをファラオの娘が見つけると、赤ん坊を連れていき、自分の子供としてモーセを育てた。成長したモーセは殺人を犯すと、ミデヤンに逃れ、そこで結婚し、40年間羊飼いとして暮らした。燃える柴の中から呼びかける神とモーセが出会ったのは、その期間であった。そこで、ヘブル人を奴隷状態から解放するという使命を受けて、モーセはエジプトに戻った。この間のすべての出来事については、トーラーの2番目の書巻、出エジプト記に記録されている。

過越

エジプトの神々をも凌ぐ神の力が、10の禍いを通して顕示された。10番目の禍いにおいて、エジプト人の初子は死んだが、神の霊はイスラエルの家々を「過ぎ越した」ので、イスラエルの子供たちは助かった。このことを今日、過越の祭りにおいて祝っている。モーセはヘブル人とその他の人々約200万人をエジプトから連れ出し、ヤム・スーフつまり葦の海（誤って「紅海」と翻訳された）を分けたこともあった。40年間、彼らがシナイの荒野を放浪していたときに、神はモーセの指導の下に、これらの流浪の民を1つの国家へと作り上げた。

神の契約

モーセはシナイ山で神から十戒を受け取り、神は人々と契約を結んだ。神は人々に愛と配慮とを約束した。それは、住むべき所（土地）、評判（名声）、子孫によって表された。この約束には条件があって、イスラエル人は神に対して従順でなければならなかった。モーセは指導職をヨシュアに譲ったが、モーセは不従順なことがあったために、約束の地（現代のイスラエル、パレスチナ領土内）へは入れなかった。モーセはその国境地帯で死んだ。

モーセと律法

ユダヤ教では、モーセは律法（十戒と他の法）・契約・過越と結びつけられている。モーセは、預言者であるとも見なされている――神は預言者にご自身を現し、次に預言者が神のメッセージを人々に分かち与える。他の宗教の教祖とは違って、モーセ自身は神とは見なされておらず、いかなる意味においても、美化されていない。

セーデル（過越の祭りの正餐）を祝う家族。セーデルが始まる前に、祝祭に参加する人々は礼拝を行う。そのときに用いられるのが「ハガダー」という物語で、参加者の一人一人がそこから幾らかを読む。

● 参照箇所
キリスト教、76—77頁
キリスト教、80—81頁

十戒

十戒（「10の言葉」あるいは十誡）は神からモーセに与えられたもので、聖書の中には2種類ある。出エジプト記20章のと申命記5章のである。十戒は簡単に箇条書きにできるので、板に刻まれて、シナゴーグや教会の壁に貼りつけられることがある。

1	あなたには、わたしのほかに、ほかの神々があってはならない。
2	あなたは、自分のために、どんな刻んだ像をも造ってはならない。
3	あなたは、あなたの神、主の御名を、みだりに唱えてはならない。
4	安息日を覚えて、これを聖なる日とせよ。
5	あなたの父と母を敬え。
6	殺してはならない。
7	姦淫してはならない。
8	盗んではならない。
9	あなたの隣人に対し、偽りの証言をしてはならない。
10	あなたの隣人のものを、欲しがってはならない。

モーセの書

ユダヤ教においては、「モーセ五書」に権威があり、一括してトーラーとして知られている。キリスト教の聖書では、それらは旧約聖書の最初の五書である。

創世記
トーラーの最初の書巻で、世界の創造を物語る。族長たち（アブラハム、ノア、イサク、ヤコブ、ヨセフ）の物語も含まれ、神との最初の契約について説明している。ノアと虹──契約のしるし──の物語は、創世記にある。

出エジプト記
この書巻では、モーセの物語が語られる。その誕生からエジプト脱出の指導者になるまで、また荒野での放浪を語る。出エジプト記では、神がどのようにして人々を1つの国民に作り上げ、また契約を結んだかを説明している。

レビ記
この書巻は主に、儀式律法と礼拝形式とについての説明から成る。つまり動物犠牲に関することで、その際には、祭司（レビ族）が民を導くことになっていた。

民数記
人口調査について。律法と祭礼についても繰り返して記載している。

申命記
「五書」の最後の書巻で、民が約束の地に入る前に、モーセが語った説教が集められている。それによって、神の契約と、民が果たすべき責任とを思い出させる。

10の禍い

エジプトの神々をも凌ぐ、神の主権を示し、イスラエル人を奴隷状態から解放するようにファラオを説得するために、神はエジプト人に10の禍いをもたらした。10番目の最後の禍いの後、イスラエル人は解放された（出エジプト記5─12章参照）。

第1の禍い──川の水が血に変わった
第2の禍い──蛙
第3の禍い──ぶよ
第4の禍い──はえ
第5の禍い──家畜の死
第6の禍い──腫物
第7の禍い──雹
第8の禍い──いなご
第9の禍い──暗闇
第10の禍い──初子の死

ユダヤ教

信仰

　一神教、つまり唯一の神に対する信仰は、おそらくユダヤ教を定義する特徴である。ユダヤ教徒にとって、神は絶対なる創造者であり、支配者であり、維持者であり、あらゆるものの提供者であり、救済者である。神は忍耐強く、慈悲深く、義にして愛の方である。神はすべてを知っており、できないことは何もなく、永遠に存在する。創世記では、神による世界創造が語られる。それは天地を造ることから始まり、人間の創造で終わる。

　この同じ神が、「わたしはある」（出エジプト記3・14）という名で、シナイ山の燃える柴の中で、モーセにご自身を現した。この「わたしはある」を翻訳するのは、困難である。英語で表すならば、この「わたしはある」は、YHWHの4文字で表すこともある。これは神の聖なる名前なので、ユダヤ人は、その名前を発音したり、書いたり、言ったりしようとしない。それは神にとって、神の民との契約の名である。その契約は、善であるという神の性質に起源がある。これは赦しだけでなく罪（神への背反のようなもの）をも定義する道徳契約である。

シェマー

「シェマー」という言葉は、「聞け、イスラエルよ」と訳され、ユダヤ人が朝夕の祈りの時に唱える祈りの名称でもある。シェマーは祈りであり、信仰の宣言でもある。その祈りの中では、唯一の神に対するユダヤ教の中心となる信仰が、断言されている。シェマーは、申命記から引用した、その冒頭部分〔「シェマー＝聞きなさい」〕によって、よく知られている。
「聞きなさい。イスラエル。主は私たちの神。主はただひとりである。心を尽くし、精神を尽くし、力を尽くして、あなたの神、主を愛しなさい。」（申命記6・4—5）

律法

　ユダヤ教では、律法は重要である。これは、国家の司法制度という意味での「法」ではなく、礼拝儀式の決まったやり方や共同体の原則のことである。これらはモーセ五書において規定され、律法のより広い解釈にも見られる。またこの中には、この律法についての拡大解釈も含まれる。律法の核となる部分は、「神の指」によって石の板に書かれ、シナイ山でモーセに与えられた十戒（出エジプト記20章と申命記5章）である。この石の板は、エルサレム神殿の至聖所にある契約の箱の中に入れられていたが、古代の時代に失われて、今はない。十戒を補足する内容として、総計613の律法が存在する。ユダヤ人の中には、礼拝のときに、小さな箱に入れた律法を、文字どおり腕や額に結びつける者もいる。預言者は伝統的に、律法を解釈し、律法の本質に人々が立ち返るように、呼びかけようとした。例えば、預言者ミカは人々に呼びかけて、「ただ公義を行い、誠実を愛し、へりくだってあなたの神とともに歩む」ように勧めた（ミカ書6・8）。またラビであった大ヒレル（前110—後10年頃）は律法を要約して言った。「自分にとって嫌なことは、隣人にしてはいけない。その他はみな、これについての注釈だ。行って、学んできなさい」（シャバット31a）

タルムード

　タルムードは、ユダヤ教の核となる経典である。「タルムード」とは、ラビ（教師）の教えに基づいた指導、あるいは学習を意味する。タルムードは、ユダヤ法・倫理・習慣・歴史・哲学について、ラビたちが議論するという形式で記されている。タルムードはミシュナー（律法についての意見や討論。後200年頃）とゲマーラー（ミシュナーに関するさらなる注解書。後500年頃）という2つの要素で構成されている。

マイモニデスと13の信仰箇条

　モーシェ・マイモニデス（1135—1204年頃）は、おそらくユダヤ教の最も偉大な哲学者として認められており、ユダヤ法と倫理とに関して、多数の著作を著した。マイモニデスはユダヤ学の創始者として、広く見なされており、最もよく知られている著作は、『迷える人々のためのガイド』である。ユダヤ教信仰に対する、マイモニデスの最大の貢献の1つは、「13の信仰箇条」をトーラーから抽出して、組織立てて並べたことである。今日、この信仰箇条は、ユダヤ教の基本教義として広く支持されている。

ユダヤ教の基本教義

1. 創造主なる神が存在すると信じること。
2. 神は唯一であると信じること。
3. 神には形がない（肉体を持たない）と信じること。
4. 神は永遠であると信じること。
5. その神だけを礼拝すべきだと信じること。
6. 預言者の言葉を信じること。
7. 最も偉大な預言者はモーセであると信じること。
8. シナイ山でモーセにトーラーが啓示されたと信じること。
9. 律法は不変であると信じること。
10. 神は全知（すべてを知っている）であると信じること。
11. 現世と来世に報いがあると信じること。
12. メシヤ（「油注がれた者」）がやって来ると信じること。
13. 死者は復活すると信じること。

エレツ（イスラエルの地）

　イスラエルは、モーセ五書で語られている約束の地にほぼ該当するが、その地は、ユダヤ人の宗教生活ならびに政治生活において、常に主要な位置を占めている。聖書では、約束の地の境界線をはっきりと示しているが、その境界線は何世代も経ながら、さまざまに解釈されてきた。土地は、神とユダヤ人との間で交わされた契約で取り決めた事項の一部であり、ソロモン王の治世下（前970—前931年頃）で、最も大きな版図に達した。

エルサレム

　都市エルサレムは、常にユダヤ教の中心であり続けている。ただ今日、エルサレム市内にある各聖地のどこへでもユダヤ人が自由に行くことが、困難な事態となっている。エルサレム神殿の敷地は、モリヤの山であったとされている。アブラハムが息子イサクを、犠牲として危うく捧げるところだった場所である。前1000年頃、ダビデ王がサレム——「平和」と「安全」の意味合いを持つ言葉——を攻略し、サレムを宗教上の、そして政治上の首都エルサレムとした。シオンは、狭義には神殿の山の別称であり、一般的にはエルサレム地域を意味する。エルサレムは、前586年に略奪され、そして再建され、後70年に再び侵略された。バル・コクバがローマ人に反旗を翻した後、エルサレムは、135年に完全に破壊された。にもかかわらず、ある程度の数のユダヤ人は常にエルサレムやその近隣に居住していた。20世紀になると、ホロコーストが起きたり、故国への渇望が高まったりして、都市エルサレムは再び、ユダヤ教の希望や憧憬の焦点となった。エルサレムは今や紛争中の場所であり、キリスト教徒もイスラム教徒もそこに近づきたいのである。

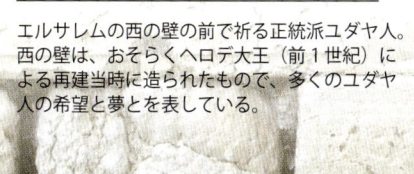

エルサレムの西の壁の前で祈る正統派ユダヤ人。西の壁は、おそらくヘロデ大王（前1世紀）による再建当時に造られたもので、多くのユダヤ人の希望と夢とを表している。

ユダヤ教

儀式と宗教行為

ユダヤ教では、儀式と宗教行為が主要な役割を果たしている。このために、「ユダヤ教を遵守している」ユダヤ人、または「ユダヤ教を実践している」ユダヤ人について語ることができる。儀式とはミツヴァー、すなわち聖なる戒律である。ミツヴァーには礼拝行為が含まれ、日常の決まっている日課を神聖なものにする。例えば、食べることはコシェルの規定によって、様変わりする。ユダヤ教を実践しているユダヤ人は、宗教上の真理のゆえに、規定の食物を規定の方法で食する。

律法はハラハーによって実践される。ハラハーの規定は、聖書とラビの教えとから抽出され、日常生活の全行動を朝から夜まで規定する。規定は明確に定義されており、世代から世代へと教えられていく。このことを理解する別な方法は、ユダヤ教を倫理の宗教として認識することである。そこでは、どのように人々が生活するかを通して、神への愛が示される。

律法と倫理とが中心であるため、ユダヤ教は公正について高い理想を描いている。神の法の前では、すべての人が平等である。こうして慈善と寄付とは、十分の一献金（収入の10％）として慣行とされている。未亡人、孤児、貧困の中にいる人は、困窮している人だと見なされる。ヨベルの年（50年ごと）には、所有地と奴隷との解放を、理想的に宣言する（レビ記25・10）。しかしヨベルの年が定期的に祝われた証拠はほとんどない。タルムードには、公正に関するたくさんの律法がある。

安息日（シャバット）

ユダヤ教に独特の習慣として安息日がある。これは毎週7日目にやって来る休日である。安息日は金曜日の日没から土曜日の日没までである。安息日は、創造の秩序（創世記1・2—3参照）と働くことを禁じている出エジプト記の戒律（出エジプト記16・29）とを表している。信仰深いユダヤ人は安息日には完全に休息しなければならない。

研究と学習

ユダヤ教は「書物の」宗教である。ユダヤ人がトーラーを敬愛するということは、トーラーを厳密に研究することを意味する。研究は宗教的に見て、重要な出来事である。ラビ（教師）の権威は、宗教上の律法に精通していることと密接に結びついているのであって祭司の地位にあるからとか人格が優れているからということではない。研究と学習とを優先するため、ユダヤ教は非常に理知的な宗教、「頭の」宗教になっていると考える人がいるかもしれない（例えば、魔術や迷信は容赦されない）。このような学習と研究のおかげで、倫理制度と行動規範が高度に発展した。

コシェル

文字どおりには「備えられた」を意味するコシェルは、食事や食物の準備に関するさまざまな規定を意味する。例えば、ある種の肉は食することが許されず、動物は特殊な方法で屠殺しなければならない。血は、完全に取り除かなければならない。血は、神によって与えられた命を象徴しているからである。乳製品についても、食事や食物の準備に関わる多種多様な規定がある。コシェルの思想とは、こうした規定によって、食事をするという行為が神聖なものにされるということである。食事は神聖な行事である。神が食事を備えてくださる、と意識しながら、なされるからである。コシェルはまた、宗教的な境界線を示す目印でもあり共同体のアイデンティティーを公に示す方法でもある

エルサレム神殿を覚えるハヌカーの祭りでは、九枝のメノラー（燭台）が用いられる。ここでは、ナショナル・メノラーの点火を、大勢の人々が見守っている。アメリカ合衆国はワシントンにあるホワイトハウスに近いザ・エリプスにて。

家族と清めの関係

さまざまな規則と清めの儀式とが、夫婦関係を築いている。男性には、戒律の規定を守ることが義務づけられているが、女性には求められていない。例えば、男性には、1日に3回祈ることが求められている。ところが、数ある規定の中でもこれらの規定が、ユダヤ教の中で公然と疑問視されている。また研究や祈りも含めて、かつては男性が担っていた役割を、女性が果たしつつある。

ユダヤ人の通過儀礼

割礼（ブリット・ミラー）
バル・ミツヴァ／バト・ミツヴァ
結婚式
死／埋葬／服喪

図はユダヤ教の祭礼と聖日を示している。ユダヤ暦は太陰暦と太陽暦の双方に基づいている。宗教上の1年と、暦の上の1年では、異なる可能性がある。どの教派によって、どの祭礼が行われるかも、幾らか異なっている。

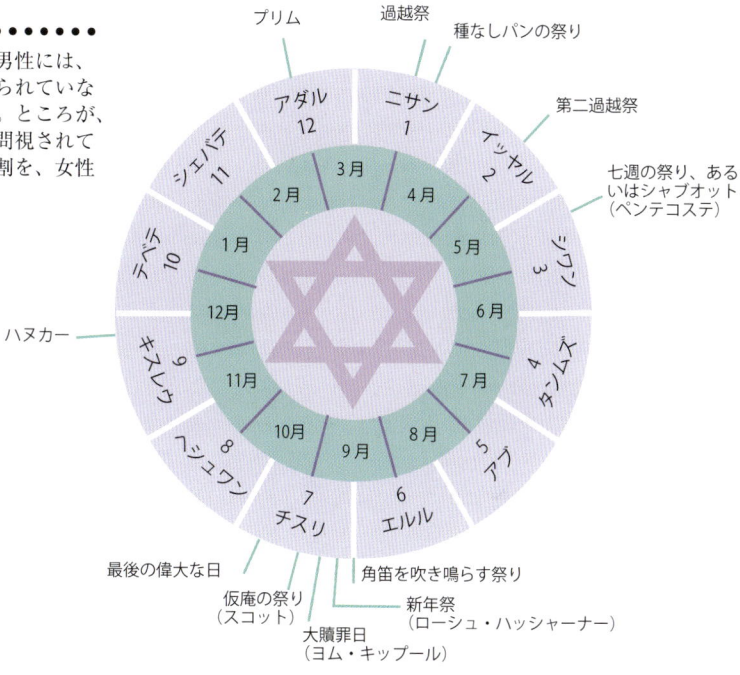

暦の図ラベル：
- プリム
- 過越祭
- 種なしパンの祭り
- 第二過越祭
- 七週の祭り、あるいはシャブオット（ペンテコステ）
- ハヌカー
- 最後の偉大な日
- 仮庵の祭り（スコット）
- 大贖罪日（ヨム・キップール）
- 角笛を吹き鳴らす祭り
- 新年祭（ローシュ・ハッシャーナー）

月：アダル 12、ニサン 1、イッヤル 2、シワン 3、タンムズ 4、アブ 5、エルル 6、チスリ 7、ヘシュワン 8、キスレウ 9、テベト 10、シェバテ 11

プリムの祝日に、プレミシュラン教団の会堂の前でトーラーを読むラビたち。イスラエルにて。

ユダヤ教

近代ユダヤ教と国家

バビロン捕囚に始まって、約束の地から追放され、また約束の地に帰還するという長い歴史を、ユダヤ人は生きてきた。19世紀にヨーロッパ全土で国家主義が台頭し、20世紀の世界大戦（世界のユダヤ人人口のほぼ3分の1をヒトラーが虐殺したことも含む）を経て、ユダヤ人の追放と帰還という物語は、シオニズムと呼ばれる運動の中で体現された。この運動を指導したのがテオドール・ヘルツル（1860—1904年）である。ヘルツルは、祖国を国家として再建できないかという可能性を、政治の問題とした。こうして近代イスラエルが1948年に建国された。しかし、これは問題がなかったわけではない。エルサレムはアラブ連合軍による包囲の下で分割された。1967年の第三次中東戦争で、ユダヤ人は東側の地域を奪還して、併合した。実質的には、エルサレムはイスラエルの首都であり、政府の各省庁はすべてエルサレムにある。しかし、パレスチナ人の立場をめぐる論争が終結していないため、国際社会はエルサレムを首都として公認していない。

第二次世界大戦後、居場所を失ったユダヤ人にとって、イスラエル国家が故郷となった。この新生イスラエルは、門戸を大きく開いた。帰還法によって、ユダヤ人なら誰でもイスラエル国民になる権利があると宣言したので、新国家は急速に人口が増えた。

今日、イスラエルが公認している宗教は、正統派ユダヤ教である。ユダヤ教の祭礼を国家が祝い、政府の建物にはユダヤ教の象徴がついている。国家は多数の宗教団体を認可してはいるが、ユダヤ人は人口の75％ほどを占めている。アメリカ合衆国にいるユダヤ人の数は、イスラエルにいるユダヤ人の人口に匹敵する。

近代ユダヤ教

20世紀の間に「ユダヤ人」の定義が変わった。これは「解放」と呼ばれる。ヨーロッパにいた離散したユダヤ人の共同体では、ユダヤ人は固く閉じた共同体、つまり「国家の中の国家」だったが、今やユダヤ人が自由の身になって、「モーセの信仰を持つ市民」となれるようになった。ユダヤ人が居住している各国の政府は、ユダヤ人がますます社会に融和していくのを許容している。そこで、何がユダヤ教にとって「本質」なのかという問題が、重要になってきた。離散したユダヤ人によって、儀式とトーラーの遵守が緩められるかどうかが、特に重要である。

改革派ユダヤ教

改革派ユダヤ教は倫理的な核心に焦点を合わせている。それは、モーセとラビの教えを厳密に守ることより、むしろいかにしてモラルと公正を実践して生きるかということである。改革派ユダヤ教が形作られたのは、18世紀にドイツのユダヤ人共同体が体験した変化がきっかけとなった。おそらく、科学の影響力が高まったためであろうが、ドイツ人ラビのアーブラハム・ガイガー（1810—74年）は、トーラーの記述を事実と見なすことはできない、と考えるようになった。それゆえに、教義を調整することが推奨され、さまざまな規定が緩和されるか、廃止された。礼拝は安息日から日曜日に変更され、新しい礼拝形式が導入された。こうして、改革派ユダヤ教は、ユダヤ教の中で最も進歩主義的な分派であると見なされるようになった。改革派ユダヤ教徒にとって、トーラーに意味があるのは、宗教的な理解をするときだけであって、トーラーが神に由来するからではない。

正統派ユダヤ教

　正統派ユダヤ教は、ユダヤ教の基礎となっている宗教的、また法的な規範を実践しようとする。正統派ユダヤ教は、19世紀の東欧のユダヤ人共同体の影響を受けている。東欧のユダヤ人共同体は伝統を厳格に守り抜くことに慰めと意味とを見出していた。正統派ユダヤ人は、トーラーを遵守することを強調する。トーラーは神から与えられ、それゆえに完全な権威を備えているからである。しかし、ラビ・ヒルシュ（1808—88年）と他の人々は、正統派ユダヤ教徒を励まして、トーラーを遵守し続けうる範囲内で、世俗の世界に出ていくことを推奨した。例えば、大学に行くことなどである。

その他の運動

　再建派ユダヤ教はニューヨークで、モルデカイ・カプラン（1881—1983年）によって発展したが、ユダヤ人は神の選民であるという観念を否定している。再建派ユダヤ教徒は、倫理の最高の理想として神を語るが、超自然的な神は否定し、進化論を支持する。1963年、デトロイトに端を発した人道派ユダヤ教は、ユダヤ文化と個人主義とを褒め称えるが、神は認めない。祈りやトーラーの研究も否定されている。人道派にとって、ユダヤ教とは、「神抜きで善を行う」ことである。

現代のハシディズムのユダヤ人

アメリカ合衆国はニューヨーク州マンハッタンにあるセントラル・シナゴーグ。

保守派ユダヤ教

　保守派ユダヤ教は、ユダヤ教をイスラエルの共同体の良心だと見ている。保守派ユダヤ教では、伝統に固執することを認める一方で、新しい社会の課題に対して柔軟に対応することも許容する。ヨーロッパのユダヤ人にとっては、伝統の基盤を守ることは優先事項だった。アメリカでは、学者でありラビでもあったソロモン・シェヒター（1847—1915年）が、伝統に専心するように訴えたが、アメリカの状況に合わせて、幾らか変更することも許可している。

ハシディズムとカバラ

　ハシディズムとカバラは両方とも、ユダヤ教の神秘主義的な形態である。18世紀のポーランドで興ったハシディズムは、神の慈悲を強調し、音楽と踊りで礼拝が行われる。一方でカバラは、古代の知恵と隠された奥義の伝統とを融合して、根拠としている。両者とも個人の霊性を養う運動であり、おそらく、研究を強調するユダヤ教が無味乾燥に思えたので、それに反発したのだろう。カバラは、奥義を強調するニューエイジ運動の一派エソテリカとも重なる。マドンナ、デイヴィッド・ベッカム、デミ・ムーア、ブリトニー・スピアーズのような有名人はみな、一度はカバラと関わったことがある。

キリスト教

イエスが中心

「キリスト教」という言葉はギリシア語のクリストス（christos）に由来する。「油注がれ、任命された者」という意味である。ヘブル語の「メシヤ（messiah）」の訳語であるクリストス（キリスト）は、歴史上の人物であるイエスに与えられた称号である。言い換えれば、彼はキリストであるイエスであり、すなわち油注がれて神から任命されたイエスである。

キリスト教はローマ帝政の下で、ユダヤ教を背景として始まった。世界中で使われているグレゴリオ暦はイエス・キリストの生涯によって、歴史を分けている。イエス・キリストの推定生年月日から、ＢＣは文字どおり「キリスト以前（before Christ）」であり、ＡＤはラテン語 anno domini（「私たちの主の年に」）に由来する。

キリスト教は世界最大の宗教であり（世界人口の約32%）、最も広範囲に広がり、多岐にわたる民族を含んでいる。キリスト教は〔聖書の〕翻訳を容認している宗教で、聖なる１つの言語というものは持たない。キリスト教の教派の数は35000以上に及ぶが、どの教派もイエス・キリストという人物を中心としている。

を生むという知らせをもたらしたと語られている。イエスは（降臨祭の祭礼でお祝いされるように）ベツレヘムで生まれたが、イエスの家族はナザレ出身であり、ヨセフはナザレの大工だった。イエスはヨセフの徒弟として成長したが、30歳頃に、カペナウムを本拠地として、北イスラエルにあるガリラヤ湖周辺で、巡回教師としての役割を担った。

イエスのメッセージ

イエスは「神の国」について教えた。神の支配は、人であるイエスご自身を通して、歴史の中に現れた。ゆえに、イエスは「時は満ちた」、「神の国は近づいた」、人々は「悔い改め」、「よい知らせを信じる」べきであると説教した。例えば、マルコの福音書では、これらの言葉すべてをかなり明確に使っている。マタイの福音書では、これと同等の意味のある「天の御国」という文言を使っている。イエスの宣教には「御国のしるし」すなわち奇蹟が伴っていた。イエスはたとえ話──日常生活を題材にした直喩や暗喩──を使って教え、神の支配がどのように働くかを説き示した。イエスは自らが神であると暗に示したため、ユダヤ人の権威筋は憤慨し、イエスを十字架刑に処するべく策略を巡らせた。十字架刑はローマ帝国の死刑であった。

イエス・キリストを知るには？

イエスの生涯は聖書に記録されている。聖書は旧約聖書と新約聖書の２つの部分から成る。イエスの生涯は特に４つの福音書に記録されている。福音書を書いたのは、元取税人でイエスの使徒あるいは説教者となったマタイ、使徒ペテロの従者マルコ、医者で新約聖書の使徒の働きも書いたといわれるルカ、イエスのそばにいた弟子ヨハネである。これらは新約聖書の冒頭にある４つの書巻である。新約聖書のその他の書巻は、イエスの生涯と教えとを解釈して、新たにキリスト教徒になった人に供したもので、著者がキリストとどのような体験をしたかという観点から記された。またイエスに関する旧約聖書の預言も再考したうえで示している。新約聖書には、地上におけるイエスの生涯と、復活した後そのまま世界にイエスが臨在したこととが記録されている。

イエスの生涯

イエスは、マリヤと呼ばれた若いユダヤ人の処女から、超自然的な仕方で生まれたと理解されている。マリヤの婚約者ヨセフは婚約解消を望んだが、２人に御使いが訪れて、この赤ん坊は将来、とても重要な人物になると確証した。ルカの福音書では、御使いがマリヤに、いと高き方の御子

イエスの復活

比類のない一連の出来事が、この処刑に続いた。福音書は十字架刑の３日後、イエスは新たにされた姿でよみがえった（復活した）と告げている。４つの福音書すべてに、このことが記録されている。この出来事の目撃者は、空になったイエスの墓を見出して、人格的に変貌させられ、熱烈にイエスの復活を言い広め、その結果、キリスト教徒に

> **参照箇所**
> ユダヤ教、66—69頁
> モルモン教、108—109頁

フィレンツェはウフィツィ美術館にある三連作のパネル。アンドレア・マンテーニャ（1431―1506年）作で昇天を描いている。

イエスは聖書と、どのように一致するのか

　イエスはユダヤ人であり、キリスト教は、神が人となって到来し、神の民と一緒にいてくれるというユダヤ教の信仰に根ざしている。特に旧約聖書の後半部分では、この「神の到来」は「メシヤ」と呼ばれる救い主であると語られた。イエスが、旧約聖書で預言された救い主であることを、ユダヤ人は拒絶するが、キリスト教徒はイエスが事実メシヤであると信じている。

　新しくキリスト教徒になった者が最初になすべき仕事の1つは、ユダヤ教の聖書（すなわち旧約聖書）をイエスの復活の光に照らして読み直すことであった。ユダヤ教の唯一神を信じるだけでなく、イエスのたぐいまれな宣言をも承認することを示さなければならなかったからである（例えばヨハネの福音書は、イエスが「わたしと父はひとつです」との宣言を記録している）。これは神に「油を注がれた」来たるべきメシヤについての預言であると、キリスト教徒たちが理解する際だった宣言が、旧約聖書の預言書（特にイザヤ書）には存在する。キリスト教徒の信仰によれば、創造と歴史との神は、イスラエルの族長、預言者、さらに一般的にはイスラエルの人々にご自身を現したわけだが、ここでは時空と歴史とに制限されながらも、イエスという人として現れたのである。このゆえに、使徒パウロは、1世紀に初代教会に宛てた手紙（新約聖書の中に見出される）の中で、最初に神はイエス・キリストとともにすべてのものを創造し、今やイエス・キリストによってすべてのものを結び合わせている、と主張している。

　パウロと、その他の新約聖書の著者は、イエスの十字架刑を贖罪の行為として解釈している。イエスは人間の身代わりとなって、世界の罪のために死んだ。事実、神はご自分の御子を人間の罪そのものとして犠牲にした。それによって、人間が罪の力から解放されるためであった。この神の支配は、イエス・キリストとともに始まり、イエス・キリストがこの世の終わりに王として再臨し、完全で最終的な神の支配をもたらすときに完成する。

なる人の数は急激に増えていった。イエスが教えられ、範を示されたすべてのことを確証させるほどに、この復活は彼らにとって説得力のあるものだった。すなわち、神の支配がまさに歴史に突入したのであった。イエスは「世の終わりまで」（マタイ28・20）、この増え続ける弟子たちと一緒にいてくださると約束した。イエスはその後、ついには目撃者から離れて、昇天した。しかし、聖霊によって目撃者に力を与えた。今日のキリスト教徒は、きわめて多様ではあるが、復活したイエス・キリストの臨在が力を与えることを体験し続けている。

> 　ある人が、イエスが言ったような類いのことを言いながら、偉大な道徳の教師でなかったとしよう。その人は気が触れているか――自分はポーチドエッグだというのと同レベルで――、あるいは地獄の悪魔だろう。あなたは選ばなければならない。この人物は神の御子であったし、今でもそうであるとするのか。あるいはこの人物は気が変か、あるいはもっと悪いのか。イエスを、愚か者として閉め出し、唾を吐きかけ、悪魔として殺すこともできれば、イエスの足許にひれ伏して、主であり神だと呼ぶこともできる。しかし、イエスは偉大な人物であり、教師であるというような、無意味な擁護をするのはやめよう。イエスは私たちに、そのような余地を与えていないし、またそうしようとも思わなかった。
> 　　C・S・ルイス『キリスト教の精髄』

キリスト教

その設立と形態

イエスは12人の弟子（ラテン語で「学習者」を意味するdiscipulusに由来する）を選んだが、そのうちの3人は親しい友人（ペテロ、ヤコブ、ヨハネ）だった。福音書には、それよりも大規模な弟子集団についても記録されており、その中には女性も含まれている。新約聖書の5番目の書巻である使徒の働きには、どのようにして初代教会が成長したかが語られている。すなわち復活を確信して、何千人もの人が「弟子に加えられた」（使徒2・41）のである。最も劇的な回心は、おそらくタルソのサウロの回心だろう。サウロは、ダマスコへ行く途中で復活したイエスに遭遇した（使徒9章）後、パウロと改名した。パウロのおかげで、地中海周辺にたくさんの教会が広がっていき、新約聖書（教会に宛てたパウロの手紙）が書かれた。

コンスタンティヌス大帝が、当時の教皇シルウェステル（314—335年）に大主教の地位と西方教会の監督権とを授けている。

12世紀のモザイクの一部。4人の使徒、マタイ、ヨハネ、アンデレ、ペテロを描いている。

初代教会と教会会議

元来はユダヤ教の一分派だったものの、これら最初のキリスト教徒が認めなければならなかったように、イエスの教えと死と復活とは全世界のためであって、ユダヤ人のためだけではなかった。使徒の働き15章に記録されているように、エルサレム会議（後50年頃）で、キリスト教徒はこのことを苦心しながら理解した。いつもの礼拝の仕方が変わった。信者は日曜日に集い、パンとぶどう酒で定期的に聖餐を祝い、歌を歌い、教えに耳を傾けた。総じて、ローマ皇帝を礼拝することを拒絶したが、このことは、多くのキリスト教徒の命を代償とした。正しい信仰について、多くの議論がなされた。特にイエス・キリストの性質については、いかにして神であると同時に人でありえたかについて、議論がなされた。この議論は最終的に、カルケドン公会議（後451年）で解決された。そのときの決議文が「イエス・キリストは完全に神であり、完全に人であった」であり、それ以上の解説や説明はなかった。

後312年に、ローマ皇帝コンスタンティヌス（後272—337年頃）がキリスト教に回心した後、キリスト教の礼拝は公認された。それ以前には、キリスト教徒は信仰のゆえに迫害されていた。教会の建設が始まり、西方キリスト教会がローマ帝国の中心になったのは、それ以後のことである。16世紀に宗教改革が起こるまで、教会と国家とが密接に結びついたまま、キリスト教国——文字どおりには「キリストの支配」——は、ヨーロッパにおいて1つの思想、また1つの現実として存在し続けた。キリスト教徒の社会と国家をいかにしてひとつにするかが、最も重要な問題であった。

東方での運動

一方、東方では、主に迫害のゆえに、教会は現在のイラクへと広まった。しかし東方教会の核となる教えは、西方教会（すなわちローマ教会）の教えとはわずかに異なっていた。現在、シルクロードと呼ばれる貿易路に沿って、活気のある多くの共同体をキリスト教徒は形成し、後635年までには、はるか東の中国にまで至った。これがいわゆる東方に現れたキリスト教で、おおむね今でいう正教会の運動に該当する。ローマ帝国の影響が及ばない地域で、正教会のさまざまな教派が、あっという間に設立された。その場所には、エジプト、エチオピア、アルメニア、シリアがある。例えば使徒トマスは、おそらくインドに最初にキリスト教をもたらした。ある説明によれば、後52年という早い時期にである。

宗教改革

16世紀にヨーロッパで起こった宗教改革では、長年にわたって燻ってきた不満が1つにまとまり、さまざまな改革運動が現れた。改革に火を点けたのはマルティン・ルター（1483—1546年）だった。それは、ドイツにあるヴィッテンベルク城の扉に95か条の論題——ルターが教会で討論したかった提案——を釘で打ちつけたときに始まった。宗教改革では、新たな活版印刷術を大いに活用した。教説や主義主張の宣伝が、かつて経験したことのなかった速さで広まった。また農奴の反乱もあったりして、ヨーロッパの社会的な構造は、すっかり変わった。それと同様に、教会のまさに組織・信仰・礼拝形式そのものも変わった。

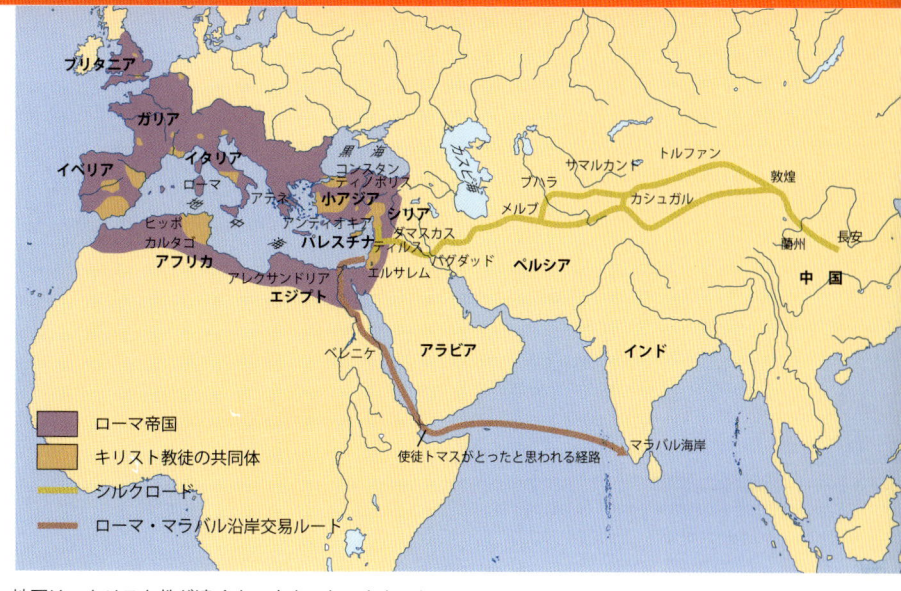

地図は、キリスト教が遠くまで広まったことを示している。

キリスト教の3つの主な教派

キリスト教には主に3つの伝統的な教派がある。イエスに関する信仰の、基本的な教義については同意しているが、他の点では別の集団になる必要があるほどの違いを持っている。

■正教会は主にロシア、東欧、中東、北アフリカに拠点を置いているが、移民によっても広がっている。世界中に2億6000万人から3億人の正教会キリスト教徒がいる。

■ローマ・カトリック教会は、教皇を最高責任者とし、ローマのバチカン市を本拠地としている。世界中で10億人のローマ・カトリック教徒がいる。

■プロテスタント教会は、16世紀にローマに対して「抗議（プロテスト）した」キリスト教徒である。プロテスタント教会は内部で分裂と改革をし続け、多くの教派に分かれた。その幾つかは国教会のようになった（例えば、ドイツのルター派、イギリスの聖公会、スコットランドの長老教会）。8億人ほどのプロテスタント教徒がいる。

教会の権威

3つの主なキリスト教の教派は、霊的な権威に関して異なる理解をしている。

正教会——7回の公会議

西方教会、すなわちローマの影響下にある教会では、通常はローマ帝国の影響下にあって、指導者が定期的に全体会議を開いた。これらの会議は、異端を排除するために行われた。こうした異端が、たいていはイエス・キリストの性質をめぐって起こったからである。この7回の会議は、聖霊によって導かれたと理解されており、そこで評決されたことは、今や正教会の主な権威となっている。7回の教会会議は以下のとおりである。

■325年　第1ニカイア公会議
■381年　第1コンスタンティノポリス公会議
■431年　エフェソス公会議
■451年　カルケドン公会議
■553年　第2コンスタンティノポリス公会議
■680年　第3コンスタンティノポリス公会議
■787年　第2ニカイア公会議

ローマと使徒ペテロの後継者

ローマ・カトリック教会では、マタイ16・16—20を特別な仕方で読み、そこから自分の権威を引き出している。つまり弟子ペテロを「岩」であると見なし、その上に教会が建てられると理解するのである。ペテロはローマの「初代司教」であって、教皇たちはペテロの霊的な継承者の系譜に連なっている。聖霊に導かれながら、キリスト教徒の生活や信仰について説明するのは、主に教皇と教会の権威者である。

プロテスタント——聖書のみ

プロテスタントには、何千もの教派と教団があるが、16世紀の宗教改革に端を発するかぎりはみな「プロテスタント」である。一般に、権威は聖書に由来すると理解されている。聖書は文学分析の手法を用いて研究され、解釈されなければならない。しかしそれと同時に、聖霊の絶え間ない導きにも頼らなければならない。プロテスタント教徒がマタイ16・16—20を読むときには、一個人としてのペテロに権威を与えているとは考えない。そうではなく、「あなたは、生ける神の御子キリストです」というペテロの告白に権威があると考える。言い換えれば、教会とは、これと同じ告白をするすべての人々のことである。

キリスト教

聖　書

キリスト教の聖典は聖書である。聖書は旧約と新約の2つの部分から成る。この場合、「旧」とはイエス・キリスト以前を意味し、「新」とはイエス・キリスト以後を意味する。「約」という言葉は、契約を意味する。言い換えれば、聖書には2つの契約があるので、2つの部分に分かれている。最初の契約は神とイスラエル（ユダヤ人）との間に結ばれたもので、モーセの名前に権威があった。新しい契約はイエス・キリストの契約で、キリスト教徒の信仰によれば、ただイエスの死と復活とだけを通して、イスラエルの人々の期待と希望とを成就するだけでなく、旧約の祝福が世界の国々にまで広まる。新約聖書は旧約聖書に記されている希望と夢とを成就している。

聖書の正典

旧約聖書は39の書巻から成り、新約聖書は27の書巻から成る。したがって全体で66の書巻で構成されている。この全体で「正典」つまりは「基準」を形成しており、キリスト教の生活も信仰もこの基準に準拠している。正典としての聖書は「閉じて」いる、つまり聖書には何も付け加えることができず、また何も差し引くこともできない。外典と呼ばれる、もう1つの文書群（おおよそ15書から成る）がある。執筆年代は旧約聖書と新約聖書の間の期間（ほぼ前400―後1年くらい）で、キリスト教徒の中には個人的な学びのために用いる人もいる。全体として、外典から教理が導き出されることがないため、外典は正典たりえない。

キリスト教の聖書を理解するために鍵となる思想

正典

正典とは権威のある書巻を結集したもので、その中には公式に（つまり公会議によって）認められた書巻もあれば、公式には認められていない（けれども共同体の中で広く受け入れられている）書巻もある。教派によって、正典が異なる場合もある。宗教の区別は、聖典の相違による。キリスト教は主に、旧約聖書と新約聖書を正典として受け入れている。その他の書物や宗教上の文書は、聖典の周辺に位置する。

1冊の本の中に図書館がある

聖書には、異なる種類の文書（歴史、律法、預言、福音、詩、歌、啓示、霊想、神の言葉、説教、箴言、書簡、幻、系図など）が含まれ、1500年以上もの期間（おおよそ前1400―後100年くらい）をかけて書かれた。全66巻がまとまって1つの物語となり、神とその民との関係について語っている。聖書は自己を立証している。言い換えれば、聖書の後半の著者は、聖書の前の部分から引用している。聖書は内部において一貫しており、なおかつ内部で発展し、聖書自体が聖書の注解書でもある。ユダヤ教の正典は、おそらくバビロン捕囚の間（前6世紀）に作られた。さまざまなキリスト教の正典が存在するが、一般的には、権威のある書巻の一覧表は後5世紀までには最終的にまとめられたといわれている。

旧約聖書

創世記	出エジプト記	レビ記	民数記	申命記			ヨシュア記	士師記	ルツ記	サムエル記 第一	サムエル記 第二
列王記 第一	列王記 第二	歴代誌 第一	歴代誌 第二	エズラ記	ネヘミヤ記	エステル記	ヨブ記	詩篇	箴言	伝道者の書	雅歌
イザヤ書	エレミヤ書	哀歌	エゼキエル書	ダニエル書	ホセア書	ヨエル書	アモス書	オバデヤ書	ヨナ書	ミカ書	ナホム書
ハバクク書	ゼパニヤ書	ハガイ書	ゼカリヤ書	マラキ書							

新約聖書

							マタイの福音書	マルコの福音書	ルカの福音書	ヨハネの福音書	使徒の働き
ローマ人への手紙	コリント人への手紙 第一	コリント人への手紙 第二	ガラテヤ人への手紙	エペソ人への手紙	ピリピ人への手紙	コロサイ人への手紙	テサロニケ人への手紙 第一	テサロニケ人への手紙 第二	テモテへの手紙 第一	テモテへの手紙 第二	テトスへの手紙
ピレモンへの手紙	ヘブル人への手紙	ヤコブの手紙	ペテロの手紙 第一	ペテロの手紙 第二	ヨハネの手紙 第一	ヨハネの手紙 第二	ヨハネの手紙 第三	ユダの手紙	ヨハネの黙示録		

鍵

| モーセ五書 | 歴史 | 知恵の書 | 大預言書 | 小預言書 | 福音書物語 | 使徒物語 | パウロの教会宛の書簡 | パウロの個人宛の書簡 | 公同書簡 | 預言書 |

参照箇所
ユダヤ教、66—69頁

特定のまたは特別な啓示

聖書の主張によれば、神は人間にご自身を現すことにした。聖書では、神の存在については何も議論されていない。ただ、神が存在することは当然の前提とされている。冒頭の節には、「初めに、神が天と地を創造した」（創世記1・1）と書いてある。聖書自身が、一般的啓示と特別啓示とを識別している。一般啓示は、被造物と人の良心との中にあると理解されている。誰でも神について何かしら知ることができるのである。特別啓示は、特殊である。聖書は特別な啓示で、イエス・キリスト自身が、完全で、最終的な神の啓示である。したがって、神を知りたいと思うならば、聖書で明らかにされているように、イエス・キリストを通してのみ、神を知ることができる。

霊　感

キリスト教徒の理解では、聖書は「霊感されて」いる。その意味は、聖書は「神の息がかかっている」、または「神から吐き出された」である。霊感とは、口述筆記ではない（もっとも神の言葉を口述筆記した部分も幾らかあるが）。霊感とは、「神から吐き出された息」を著者の意思や人格と霊的に織り合わせることである。これは独特な仕方で人間の執筆を取り込んだもので、神が書いてほしいと意図したことと、完全に一致した内容を人間が書いたのである。神が著者を導いて執筆をさせるが、著者の文体を打ち消すことはない。ゆえに聖書は非常に人間らしい書物であり、人間の喜びと悲しみに満ちている。それでいて神の書物でもあるので、神とこの世界との関係を物語の筋とし、すべての被造物を更新して造り替えるという神の救いの計画を示している。

クムランにあるエッセネ派共同体の遺跡。

翻　訳

聖書は元来、ある地域の言語で記された。つまりヘブル語・アラム語・コイネー（共通の）ギリシア語である。聖書は「聖なる言語」で書かれてはいない。霊感されていると考えられるのは、その原本であるが、その原本は1つとして現存しない。古代イスラエルにおける写字の作業は、非常によく組織され、熟練しており、正確だったので、私たちが手にしている聖書は、一般に99％正確であると見なされている。古代の断片が多く残っており、またその断片も、その内容が語っている時代のすぐ後に書き写されたようなので、断片同士の照合も簡単である。イエスが使っていた聖書は七十人訳聖書であり、ヘブル語聖書の標準的なギリシア語訳であった。七十人訳聖書は、前3世紀に、アレクサンドリア（エジプト）で70人、あるいは72人の学者が共通語のギリシア語に翻訳したものである。聖書には、世界中の言語に翻訳された豊かな歴史がある。聖書全体、あるいは聖書の一部は、世界で使われている6900言語のうちの2700言語に翻訳されてきた。2012年の時点では、世界中で約2000の聖書翻訳事業が進行中である。

死海写本

死海写本は1947年に、イスラエルのクムランに近い洞窟の中で、羊飼いの少年によって発見された。クムランとは、修道生活を営むエッセネ派（禁欲的な生活様式を特徴とするユダヤ教の一派）の共同体であり、その巻物はクムランの図書館に収められていた蔵書の一部であったかもしれない。9年間にわたって、聖書（と、その他）の巻物が総計950点以上も発見された。その収蔵品の中には、知られるかぎりで最も古いヘブル語聖書の巻物や、エルサレム神殿で捧げる礼拝に関連する写本も含まれている。これらの写本──イザヤ書のような大預言書も含まれている──は、前400─前300年の間に製作されたと推定され、後の時代の聖書写本が正確であることを立証している。またユダヤ人の歴史の中にあった多くの空白も埋めてくれた。特に旧約と新約の間の中間時代がそうである。

キリスト教

信仰と実践

ユダヤ教のように、キリスト教は一神教である。すなわち、キリスト教徒は唯一神を信じている。しかしキリスト教を独特なものにしているのは、イエス・キリストを神として信じる信仰である。言い換えれば、神は人として、この惑星を訪れてくれた。三位一体の教義、すなわち父・御子・聖霊はひとつであるという教義がキリスト教信仰の中心にある。これはまさに奥義であり、多くの思想家が、この観念を理解すべく格闘し続けている。けれども、三位一体とは、愛し合う平等な立場の三者が一致していると考えることができる。

実際には、キリスト教徒は、神に献身した人生を生きるべく努力する。その人生の模範はイエス・キリストが示しており、聖霊が力を与えてくれる。キリスト教徒が生きる際によりどころとしている希望は、神の支配──これは、キリストの到来によって明らかに始まった──がいつか完全に現れることである。これはイエスが再びやって来て、新天新地における神の最終的な、そして完全な支配の到来を告げ知らせるときに実現する。

核となる信仰

唯一神

キリスト教徒の信仰によれば、ただひとりの神がおられるだけで、神は唯一である。神は宇宙を創造し、維持している。神は御子イエス・キリストを通してのみ知ることができる。

三位一体

この思想はキリスト教に独特のものである。このひとりの神には3つの位格がある。すなわち父・御子・聖霊である。キリスト教には、3人の別々の神がいるわけではない。「父」や「御子」という言葉を用いているのは、関係の種類を示すためであって、神の性別や、父と御子の片方がもう片方に従属しているとか優位にあるとかを意味しているのではない。

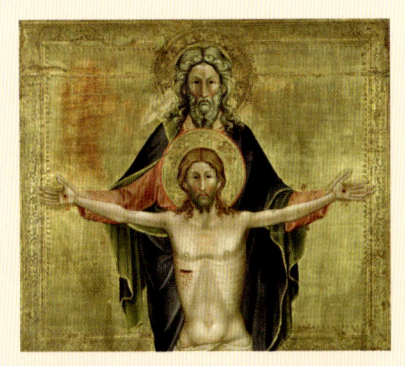

芸術家は、作品の中で、三位一体を描き出そうと試みてきた。「聖三位一体」という作品の中で、ニコレット(1353—70年に活躍)は父と御子とを、一体でありながら別個の存在であることを示そうとし、両者の間には羽ばたく鳩として聖霊を描いた。

受肉

父はイエス・キリストとして御子を世界に送った。言い換えれば、御子は「肉体をとって」、人になった(しかし神性は何ら失っていない)。クリスマスの時期に、キリスト教徒はこのことを祝う。キリストが昇天した(父の許へ帰った)後、生きている神が継続して臨在するために、聖霊がイエスの弟子に与えられた。

罪

この言葉には、幅広い意味がある。罪とは、過ち、意図的な反抗、「的をはずすこと」、倫理的な堕落を意味する。神は人をよいものとして、また自由意志を持つものとして創造したが、人は神に反抗することを選んだ。これによって、世界に罪がもたらされた(ガラテヤ2—3章)。

人間性

人類は神の似姿に造られた。そのために、私たちは神の特徴と資質とを多く備えている(例えば、ほかの人と関係を築く、愛情深い、創造する、想像する)。しかし聖書が明らかにしているように、人は神ではなく、また神になることも決してない。

贖罪

人間は罪を犯した。すなわち、神に反逆した。そこで神は、事柄を正そうとした。神は愛だからである。「贖罪」は包括的な用語で、少なくとも5つのイメージをもって描かれる。このイメージは、どのようにして神が人間との間柄を正すかを解説する際に、使徒パウロが新約聖書の中で使っているものである。そのイメージには、律法の法廷(義認)、交渉(贖い)、個人的な関係(和解)、礼拝(犠牲)、戦場(悪に対する勝利)が含まれている。この「事柄を正す」こと、すなわち贖罪は、イエス・キリストの死と復活とを通して、成し遂げられる。

復活

磔刑に処された次の日曜日に、イエスは、生ける肉体的存在の新たなモデルとして、身体をもって復活した。このようにして、新たな秩序の時代を導き入れたのである。聖書の記述によれば、イエスは復活の「初穂」である。これはつまり、イエスの復活は最初であって、将来には、イエスに続いてあらゆる人が復活することを意味している(Iコリント15・20参照)。

倫理

神への愛と隣人への愛とが、キリスト教徒を正しい生き方へ動機づけている。神は悪人を善人にしたのではないが、霊的に死んでいた人を、霊的に生きている者とした。それゆえに、この「充満するいのち」はキリスト教徒を駆り立てて、公共の奉仕や社会の改革へと向かわせてきた。この倫理を身につけたキリスト教徒によって、多くの社会運動が始められた。例えば、1865年には救世軍が結成された。これは、そもそも、イギリスの悲惨な社会の必要に応えるためであった。

キリスト教の実践

●●●●●●●●●●●●●●●●●●●●●●●●●

キリスト教徒は入信の儀式として洗礼（滴礼か全浸礼のどちらか）を行い、また聖餐（ユーカリスト）も行う。聖餐は短いドラマであり、そこでは、キリストの肉体を象徴するパンと、キリストの血を象徴するぶどう酒とを、参加者は食する。この2つの典礼には多くの形式があり、またこれらの典礼が実際に何を成し遂げるかについても、異なった理解がある。洗礼はたいてい、生涯に一度だけ行うが、聖餐は毎日といっていいほど頻繁に行われることもありうる。

キリスト教徒は一般的に、定期的に聖書を読むことも優先し、学んだことを生活に適用しようとする。多くのキリスト教徒は十一献金を実践している。これは、収入の10%を教会や特定の要件のために捧げることである。祈りの頻度としては、日ごとの祈り、週ごとの祈り、年ごとの祈りがあるのが普通である。ほとんどのキリスト教徒は日曜日に教会か家庭に集まって、公的かあるいは私的な会合を開いて合同の礼拝行事を捧げる。

キリスト教徒の祭礼

●●●●●●●●●●●●●●●●●●●●●●●●●

キリスト教会の異なる教派や教団には、その団体ならではの祭礼が幾つもあるが、次の2つは全教派に共通している。

■ クリスマス（12月25日）は、イエス・キリストが受肉なさったことをキリスト教徒が祝う日である。これはすなわち、イスラエルのベツレヘムに、赤ん坊のイエス・キリストとして、神が地上に到来した日である。

■ イースターは、もう1つの大きな祭礼である。これは太陰暦によって、毎年月日が移動するが、たいてい4月上旬である。イースターは、イエスの磔刑と復活のそれぞれを覚えるために、受難日の聖金曜日と、復活祭の日曜日とを含む期間である。

教派によっては、教会暦に従って祭礼を行うところもあり、クリスマスへと続く期間（待降節）と、イースターへと続く期間（四旬節）があり、同様に特別な日が後に続く。公現日（1月6あるいは8日）も広く祝われている。これは新生児のイエスを、賢者たちが礼拝するためにやって来た日である。教派によっては、ペンテコステ（イースターの50日後）を祝う。これは劇的な仕方で聖霊が弟子たちに与えられたこと（使徒2章）を覚えるときである。

聖金曜日にヴィア・ドロローサを行進する行列の中で、正教会の若い礼拝者が大きな十字架を掲げている。エルサレムで磔刑に処されるためにイエス・キリストが歩いた順路を、この行列は辿る。

主の祈り

イエスの弟子たちはかつてイエスに願って「主よ。……私たちにも祈りを教えてください」（ルカ11・1―4）と言った。この単純な願いに応えて、イエスは、弟子たちに祈りを教えた。これは今日、多くのキリスト教徒が暗誦しており、「主の祈り」として知られている。

　天にいます私たちの父よ。
　御名があがめられますように。
　御国が来ますように。
　みこころが天で行われるように地でも行われますように。
　私たちの日ごとの糧をきょうもお与えください。
　私たちの負いめをお赦しください。
　私たちも、私たちに負いめのある人たちを赦しました。
　私たちを試みに会わせないで、悪からお救いください。
　国と力と栄えは、とこしえにあなたのものだからです。
　アーメン

至福の教え

イエスの、いわゆる山上の説教（マタイ5―7章）はキリスト教徒だけでなく、他の信仰を持つ人々にもよく親しまれている。山上の説教は、よく知られた至福の教えで始まる。

　心の貧しい者は幸いです。天の御国はその人たちのものだから。
　悲しむ者は幸いです。その人たちは慰められるから。
　柔和な者は幸いです。その人たちは地を受け継ぐから。
　義に飢え渇く者は幸いです。その人たちは満ち足りるから。
　あわれみ深い者は幸いです。その人たちはあわれみを受けるから。
　心のきよい者は幸いです。その人たちは神を見るから。
　平和をつくる者は幸いです。その人たちは神の子供と呼ばれるから。
　義のために迫害されている者は幸いです。天の御国はその人たちのものだから。

　マタイ5・1―10

83

キリスト教

世界へ

キリスト教はユダヤ教の一分派として始まり、急速に広範囲に広がった。このことは、聖書の教えと一致している。聖書では、アブラハムとその子孫が、「地上のすべての民族にとって祝福」（創世記12・2―3参照）になるように召されている。使徒パウロの解釈によれば、アブラハムの子孫とはアブラハムの信仰を持つ人々であって、民族的な血筋ではない。イエス自身が弟子たちに言った。「それゆえ、あなたがたは行って、あらゆる国の人々を弟子としなさい。……バプテスマを授け、また、わたしがあなたがたに命じておいたすべてのことを守るように、彼らを教えなさい。」（マタイ28・19―20）

キリスト教の歴史は幾つかの時期に区分される。それぞれの時期に、キリスト教の際立った信仰や実践の発展が見られる。これは理論的枠組み（パラダイム）ともいえる。これらの各パラダイムは、キリスト教の中で起こった何らかの「変化」を象徴している。

マルティン・ルター（1483―1546年）の肖像ルーカス・クラナッハ（父）作

原始キリスト教と東方教会（後100―600年）

長年にわたる迫害と、核となる信仰をめぐっての論争を経て、後4世紀までにはキリスト教はローマ帝国の国教になった。神のいのちと神の愛とが強調された。典礼を行う共同体に参加せよと促す風潮が強まった。後301年にアルメニアが最初のキリスト教国となり、キリスト教はシルクロードを通って東は中国にまで伝わった。

中世とローマ・カトリック教会（600―1500年）

キリスト教は、ヒッポのアウグスティヌス（後354―430年）に影響されてきた。ローマ帝国の滅亡を解釈するために『神の国』を著した人物である。アウグスティヌスによれば、社会は物理的（ローマの国）であるのみならず、霊的でもある。そして、霊的な神の国は、決して滅亡することがない。にもかかわらず、教会と国家とは、混合される道を進みつつあった。修道士は「理想的な市民」となり、国王と教皇とは、ヨーロッパを単一の宗教を信じる国、つまりキリスト教国にしておいた。この教会・国家の連合は、十字軍を推進して、この一時的な「神の国」を拡大しようとした。十字軍は戦争によって、聖地を奪還する試みだった。

プロテスタント宗教改革（1500―1800年）

ドイツ人修道士のマルティン・ルターは、1517年に宗教改革の口火を切った。しかしルター以前にも、改革は試みられてきた。神との関係を正すこと、すなわち義認は、核となる概念になった。この概念は聖書の新しい読み方に基づいており、聖書は当時、幾つものヨーロッパの言語に翻訳されていた。印刷機と可動式活字の発明によって、誰にでも聖書が読めるようになった。

ローマ・カトリック教会の核となる信仰と実践とは、草の根レベルで、異議を唱えられた。改革のスローガンは「信仰のみ、聖書のみ、恵みのみ」であった。

キリスト教啓蒙主義（1800―2000年）

人間の理性・科学・物質主義の台頭に伴って、キリスト教信仰を構成する主要な諸相の幾つかが再吟味されることになった。キリスト教は、啓蒙主義を取り込むこともあれば、啓蒙主義に反発することもあった。キリスト教は植民地の拡大と深く結びついていた。アジア、アフリカ、南アメリカの諸教会は最終的には発言権を強めはしたものの、この時期は、専制的な政府と世界大戦とのせいで暗い影がかかっている。迫害、「地下」教会、ペンテコステ主義――聖霊体験を強調する――の台頭、これらはすべてこの時期の諸相である。

教会一致運動（2000年―現在）

キリスト教は、世界で急速に広がり続けている。しかし、新たな方法で、である。そこでは、旧世界の中心（ヨーロッパとアメリカ）から、より新しい「地球の南側」の中心へと転換がなされている。その地域とは、アフリカ、アジア、南アメリカである。これらの地域で、教会は最も急速に成長している。ローマ・カトリック教会、正教会、プロテスタント教会の間では、実り多い対話もなされている。

キリスト教は文化と正面から取り組みながら、21世紀が投げかける疑問に対して、適切な統一見解を探し求めている。例えば、指導層において、女性がより多くの影響力を持つようになったので、性別に関する問題については、熱心に議論がなされている。多くの人々が環境問題について深く考えており、政治に関しても予防策を講じている。それゆえに、キリスト教徒は貧困層のために立ち上がり、銀行制度の腐敗や搾取に対して立ち向かおうとしている。キリスト教徒は、社会正義のために取り組むことと、すべての人に福音、すなわち神が提供している救いを宣べ伝えるという召命を意識することとの間で、適切なバランスを見つけようとしている。新しく独特な背景を持つ神学も現れている。黒人の神学、ゲイ神学、解放の神学、フェミニスト神学などである。異なる世界的な宗教に対して、キリスト教徒は、新しい革新的な方法で応答している。他の宗教の人々と、開かれた正直な対話をしなければならないとキリスト教徒は認めている。グローバリズムと移住者のために、異なる宗教の人々が一緒になるからである。他の宗教の中で、神はどのように働くのか、そしてイエス・キリストは今なお独自の存在であると、どのようにして考えられるのか、とキリスト教徒は問いかけている。

ペンテコステ主義の台頭

他の宗教と同じように、キリスト教も多様な改革運動を経験し続けている。1901年にカリフォルニアで、ペンテコステ運動が始まった。ここで人々は、かつてない方法で霊の力を経験したのである。この運動で強調されるのは、最初の弟子たちがペンテコステで体験した（使徒2章）のと似たような力を、キリスト教徒は体験すべきだということである。ここには、預言したり、癒やしたり、異言（新しい霊的な言語で話すという現象）で話したりという超自然的な賜物も含まれる。ペンテコステ主義は急速に広がり、南アメリカ、アフリカ、アジアでは、最も速く成長している教会である。

アジアの神学

今日では、欧米とは違う形態のキリスト教が発言できる機会がある。韓国には、「ミンジュン（民衆）神学」がある。これは、韓国の産業化、制限の多い政治、周縁に追いやられる労働者に対する応答である。南アメリカでは、「解放の神学」が支持を得た。ここでは、国家が決断をする際には、貧困者層がより公正な立場を占めるべきだと主張した。インドでは、ダリット神学が、「カースト外の人々（アウト・カースト）」から出された応答であった。これらの人々は、ヒンドゥー教階級制度の外側にいたが、キリスト教徒になり、イエス・キリストの上に希望を築いた。イエス・キリストもまた、似たような意味で「カースト外の人」だったからである。

イスラム教

導入と定義

後7世紀にアラビアで始まってから、イスラム教は16億人（世界人口の22%）の信徒を擁する世界宗教に成長した。イスラム教徒は主に、北アフリカ、中近東、中央アジアと南アジア、東南アジアにわたって見られる。イスラム教徒は移住したので、ヨーロッパ（4200万人）やアメリカ（260万人あるいは人口の0.8%）にもいる。インドネシアには、どの国よりも多くのイスラム教徒がいる。このように広範囲にわたって広がっているため、イスラム教には多様な信仰の表し方がある。イスラム教は他の宗教と同じように多様で、信仰・儀式・宗教行為が豊かなタペストリーを織りなしている。

このように豊かに多様でありながら、すべてのイスラム教の共同体に共通する要素が幾つかある。イスラム教の5つの柱、6つの信条、クルアーン（アラビア語の）、預言者ムハンマドの模範、祭礼の周期である。これらはアイスランドからニュージーランドまで、全イスラム教徒がよく知っていることである。

● 参照箇所
バハーイー教徒、106―107頁

神への服従

イスラム教とは人生のすべての領域を包括する生き方で、家庭・社会・政治・精神・宗教・経済・共同体・個人といった領域を網羅する。イスラム教とは公私を問わず、あらゆる領域において神に服従することを意味する。Din という言葉は「宗教」と訳されるが、より完全な意味では、生き方という概念を表し、従うべき完全かつ包括的な道である。この考え方は、世俗主義（宗教と国家とを分けて考える）の思想に慣れ親しみ、宗教を私的なものと見なす傾向のある人々を驚かせるのに十分である。世俗主義を信奉するイスラム教徒もいれば、宗教とは分離した憲法を持つイスラム教国もある。しかし、たいていは、イスラム教の信仰や実践を政治と連動させる傾向がある。

イスラム教の道

イスラム教の教えによれば、人生の目的とは、現世と来世の両方で「成功した」（ファラー）人生を生きることである。成功とは、幸福な状態に至ることであり、悪から守られることである。完全なファラーは、パラダイスにしかないと理解されているが、ある程度は今、ここでも可能である。祈るようにという呼び掛けが、1日に5回なされ、その呼び掛けを聞く者に「成功に至る」ように促している。

もし幸福な状態が目的であるなら、問題は無知（ジャーヒリーヤ）と神の導きを知らないことにある。こうした無知が、人々が成功と幸いとへ向かう道に立ちはだかっている。もしこれが問題であるならば、解決策は、神の導き（フダー）を知り、神に従うことである。この導きは幾つかの方法で与えられる。クルアーンによって、ムハンマドの完全な模範によって、ハディースの文書（ムハンマドの言行録）によって、シャリーア（律法と倫理基準）を実践することによって、である。

生活の仕方

イスラム教の作法は生活の全領域に及んでいる。何を食べるか（ハラールとハラーム）から、衣服の着方、挨拶の仕方と別れの仕方、1日の生活リズム、年中行事、健全な外見に至るまで、イスラム教の作法は、人がのっとるべき道を定めている。生活の活動においては、禁じられている行為（ハラーム）から、義務として遵守すべき行為（ワージブ）まで幅があり、多くの行為についてはどちらともいえない。こうした目安のおかげで、イスラム教にのっとった生活の指標を決めることができる。この道は、預言者ムハンマドの模範とクルアーンの教えに基づいている。したがってイスラム教徒にとっては、この預言者の歴史と物語とを知ることが重要になってくる。

S―L―M

このアラビア語の語根には、全体性あるいは完全性という意味がある。ゆえに、人が完全または全体になるということから、S―L―M は平和（サラーム = salaam）の礎である（ヘブル語のシャローム = shalom にも関係している）。

■ **イスラム（Islam）**──（神への）完全な服従、すなわち自分のすべてを神に委ねること
■ **ムスリム（Muslim）**──神に服従している人
■ **サラーム（Salaam）**──（神に服従することによる）平和・完全性

左：アヤソフィア。ハギア・ソフィア（聖なる英知）大聖堂とも。もとはビザンツ帝国の教会であったが、次にオスマン帝国のモスクになり、今はトルコのイスタンブールにある博物館となっている。ユスティニアヌス1世の命によって建てられた、ビザンツ様式建築の好例である。内装には、全体を通してイスラム教の要素が見られる。

イスラム教徒とは？

「イスラム教徒の世界」という言葉は、役に立たない一般化された表現である。そこには多くの教派があり、以下のような群れを含んでいる。

■ ベンガル語を話すイスラム教徒。タントラ仏教に非常によく似た哲学を持つ。
■ ペルシア語を話すイスラム教徒。ギリシア哲学に強く影響されている。
■ アラビア語を話すサラフィー主義のイスラム教徒。行動において厳格かつ敬虔である。
■ アフリカの部族のイスラム教徒。アニミズムの世界観に深く影響されている。

「イスラム教徒」という用語は、神学的・言語学的・文化的・政治的・経済的に見て、意味に幅がある。この意味の幅広さは、時に見過ごされうる。

イスラム教の日常の宗教行為に関する語彙

厳格な規定が毎日の行動を規制しており、遵守すべき義務から禁止事項まで、さまざまな規定がある。

■ ワージブ（あるいはファルド）──遵守すべき義務。例えば、日々の祈り（サラート）や施し（ザカート）。
■ ムスタハブ／スンナ──推奨されること。例えば、クルアーンの朗読、病人の訪問、その他の自発的な慈善（サダカ）。
■ ムバーフ──（義務でもなく推奨されるでもなく）中性な行為。例えば、読書、食事、スポーツ。
■ マクルー──（差し控えるように推奨されている）忌避すべきこと。例えば、賄賂を受け取ること、エビのような食べ物を食べること。
■ ハラーム──（義務として差し控えるように）禁じられていること。例えば、偶像崇拝、殺人、（豚肉のような）さまざまな食物とアルコールの摂取。

「真っ直ぐな道」

「私たちに真っ直ぐな道を示してください」というフレーズは、毎日なされる5回の祈りの中で、毎回2度、詠唱される。これはクルアーンの中の長い区分の中の一節である。

　　私たちに真っ直ぐな道を示してください
　　あなたがあわれみを授けた
　　人たちの道を
　　その人たちの受け取る分が
　　怒りではなく
　　迷わない人たちの道を
　　スーラ1・6、7

87

イスラム教

ムハンマド

預言者ムハンマドは神の使者であり、神から送られた最後の預言者(「預言者たちの封印」)であるとイスラム教徒は信じている。ムハンマドの死後、誰がイスラム共同体の指導者として、ムハンマドの後を継ぐかという問題をめぐる不一致から、スンニ派とシーア派という2つの異なる分派が生まれた。ムハンマドの生涯を概観することは、どのようにしてイスラム教が誕生したのかを理解するために重要である。

ムハンマドの前半生

後570年にメッカ(現在のサウジアラビアにある)で生まれ、6歳のときには孤児になっていた。アラビアの部族制度の流儀にのっとって、ムハンマドは、その後、おじアブー・ターリブに育てられ、おじの営んでいた商売の仕事に協力した。商人としてのムハンマドは「アル・アミーン(信頼に値する人)」という呼称を得た。25歳で、商業を営んでいた富裕な未亡人(ハディージャ)と結婚し、それ以降、経営を行った。それでムハンマドは、頻繁に各地を旅して回り、人々の尊敬を集め、異文化や他宗教を体験する機会もあった。

ムハンマドの啓示

ムハンマドには、時間を取り分けてメッカ周辺の丘にある洞窟に行き、瞑想して祈るという習慣ができた。40歳になったとき、ムハンマドは深い霊的な体験をした。ムハンマドは天使ガブリエルの幻を見たところ、ガブリエルは、啓示された言葉を朗唱する(あるいは読む)ようにムハンマドに語った。これは圧倒される体験だった。妻に助けられ、またさらなる経験を通して、ムハンマドは自分を預言者として、またひとりの神から発せられた警告を伝える使者として自覚するようになった。そして、その神を知らずに偶像崇拝をしている人々に警告を発するのである。そのメッセージは、最も単純に言えば、「神以外に神はいない」ということであり、ムハンマドはその神の使者なのである。

当時、メッカにはカアバとして知られる宗教的な聖域があり、多くの偶像が置かれていた。イスラム教が牽引力を持つ以前は、ここは熱心な信仰者——おそらく遊牧民のベドウィン——の巡礼地だった。それでカアバはメッカの人たちにとって、収入源の1つだった。偶像を崇敬し礼拝する都市にあって、また巡礼者が落としていく経済的な利益に依存している都市にあって、ムハンマドが説いた一神教は、歓迎されるメッセージではなかった。にもかかわらず小さな信奉者の群れが現れて、これらの進行中の啓示を大切にした。

しかし妻ハディージャとおじアブー・ターリブの死後、最大の庇護者であったこの2人を失って、ムハンマドへの迫害は強くなった。この窮地の解決は急務だった。

カアバはサウジアラビアのメッカにあるマスジド・ハラーム・モスクの中心にある立方体の建物である。カアバはイスラム教徒にとって、さまざまな意味で重要であり、アブラハム、イシュマエル、天使、ムハンマド、クルアーンと、さまざまな結びつきがある。イスラム教徒にとって、カアバはアッラーを礼拝する最も古い場所の1つとなっている。カアバは巡礼、特にハッジの年祭はいうに及ばず、祈りが向けられる焦点の地である。

イスラム教の聖地メッカとメディナの位置

88

危機一髪の逃亡

　ヤスリブの町には4つの有力な氏族がいて、権力を手に入れようとお互いに競い合っていた。ムハンマドには、町人に何人かの知り合いがいて、その町人がムハンマドに接近してきて、ヤスリブへ来て町の指導者になってくれないかと依頼した。これは、飲まないほうがよい毒杯であるように見えた。というのも、どの氏族もムハンマドを籠絡しようと凌ぎを削っていただろうからである。しかし、その申し出は、身の安全を保障してくれていたので、数週間をかけながらムハンマドの信奉者たちは、ひそかにヤスリブに移っていった。ついにはムハンマドと義理の息子のアリだけが残った。メッカのある集団はムハンマドの暗殺を計画して、決行の夜にムハンマドの部屋に侵入したが、そこにいたのはムハンマドの身替わりをしていたアリだった。ムハンマドは逃亡した後だった。アリの献身に驚いた男たちは、ムハンマドの足跡を追って、丘の洞窟まで来た。洞窟の入り口では、鳩が巣作りをしており、クモの巣が洞窟の入り口を塞いでいた。この中にムハンマドはいないと判断した男たちは北へ捜索に向かい、またもやムハンマドを殺害する機会を逸した。

広がっていくムハンマドの影響力

　後622年、指導者となるべくムハンマドはヤスリブの町にやって来た。ムハンマドが最初に下すべき決断は、4つの氏族のどれにも好意を示さない中立を保てる居場所を探すことだった。ムハンマドはらくだを解き放つと、らくだが立ち止まったところに住むと公言した。この如才ない計策は、ムハンマドの指導力が現れつつあるのを示す兆しだった。メッカから来た信奉者を養い生活を支援するため、ムハンマドには収入が必要だった。それでムハンマドは、商人のらくだ隊商を襲うことにした。この結果、ヤスリブ（現在はメディナ──預言者の都──と呼ばれている）には収入がもたらされ、ムハンマドは他の部族や商人との条約に署名をする立場になった。こうして引き続き、メッカ人の経済を脅かすことになった。こうして、メッカ人との3度にわたる一連の戦いが起こった。1度目はムハンマド側が勝利し、2度目は敗北した（しかし負傷者はいなかった）。3度目には、防御のために塹壕を掘った。これはメッカ人には力がないので攻撃できないことを示していた。これで、次から次へと人々の集団が、徐々に力を増していくムハンマドの信奉者たちに加わった。

メッカへの帰還

　ついにムハンマドは、信奉者たちをメッカへの巡礼に連れていけるようになった。しかもすべての巡礼者を護衛することができた。しかしムハンマドたちは町に入ることを拒否された。メッカで交渉が行われ、ムハンマドは、翌年にまたやって来ることに合意した。そのときには、メッカの人々はムハンマドたちが町に入るのを許すということだった。ムハンマド側の何人かは、メッカ人は約束を取り消すだろうと感じていたが、ムハンマドはメッカ人の交渉に知恵を認めた。翌年、ムハンマドたちが本当に戻ってくると、メッカの人々はムハンマドたちを市内に入れ、自分たちもイスラム教徒となった。カアバの中にあった偶像は破壊されたが、巡礼の慣習は続行されなければならなかった。カアバはイスラム教徒の礼拝の中心地であり続け、アブラハムの物語と結びつけられた。世界中のイスラム教徒がカアバの方向に向かって祈る。カアバは毎年のハッジの祭礼に参列する巡礼者の目的地でもある。

ヒジュラ

　ヒジュラとは、後622年に起こった、メッカからヤスリブ（現メディナ）への移住である。この移住はイスラム教暦0年になった。ヒジュラは、ムハンマドの誕生や最初の啓示よりも重要な出来事と見なされている。この出来事は、預言者・為政者の役割を担うムハンマドの礎であり、神権政体としてのイスラム教の誕生であった。

ムハンマドは「非識字者」だったか

　ほとんどのイスラム教徒が、ムハンマドは非識字者だったと信じている。辞書の意味からいえば、「読み書きができない」ということである。あるいは学校教育を受けなかったことを意味しているかもしれない。しかし、ムハンマドは商人として、幾らかの読み書きを習ったかもしれない。クルアーンにおけるアラビア語の文体と詩句とは、技術的に卓越したでき映えで、クルアーンが非識字者の手になるとは奇蹟のように思える。

イスラム教

聖典

クルアーンはイスラム教の聖なる書物である。クルアーンは114のスーラ（章）に編纂され、各スーラはアーヤ（節）に分かれている。クルアーンは、神（アッラー）がムハンマドに与えた啓示を収集したものであると理解されている。このクルアーンは、天国にあるクルアーンの写本が少しずつ啓示されたものと考えられている。クルアーンは「送り下された」（タンジル）ものといわれている。したがってムハンマドは、自分を通してクルアーンが明らかにされる道具である。しかし口述であるため、ムハンマドは、いかなる方法によってもクルアーンの形を作ったのではなかった。けれどもムハンマドは、クルアーンが要求しているものすべてを体現していると見なされている。イスラム教徒はムハンマドを理想化して、クルアーンの教えを完璧に生き抜いた人物であると考えている。

啓示はアラビア語の詩という形で表され、最初はムハンマドの信奉者が暗記していた。しかし、ある戦いで、クルアーンを記憶していた者のうち70人が殺害されたので、正典を書き残す必要がわかってきた。時間をかけながら、書き留められたクルアーンでも、わずかに異なる幾つかの版が生まれてきた。4代目のイスラム教の指導者（カリフ）はこの事態を憂慮して、書き記された版をすべて集めさせ、6つの標準化された版を、イスラム教が影響力を強めている都市に送るように命じた。それでクルアーンは、口碑によって伝えられていたのが、後に文書化されて保存されるようになった、ということができる。

重要な朗読

クルアーンは、アラビア語であるときだけ、真正であると見なされる。他の言語の版は翻訳ではなく、解釈や意訳であると見なされている。世界中のイスラム教徒の約80％がアラビア語を話さない。しかし多くのイスラム教徒が完璧なアラビア語でクルアーンを朗読する方法を学ぶ。声に出してクルアーンを朗唱するならば、それは天国そのものの言葉を語ったり、聴いたりしていると見なされる。そして神性に触れることによって、天国が与えるあらゆる恵みと力とが伴うと見なされる。

スーラ

クルアーンでは概して、スーラ（章）が最も長い章から最も短い章まで、順番に並べられている。つまり時系列や主題別には配列されていない。言葉それ自体が永遠であると考えられているため、歴史的な順番や主題は、それほど重要とは見なされていない。それでクルアーンを読むときには、文脈についての個々の知識が要求される。この情報はムハンマドの伝記や格言集、すなわちハディースから得られる。

ハディース

　ムハンマドが生きていたときは、ムハンマドが啓示の意味を解説することができた。ムハンマドが死ぬと（後632年）、ムハンマドの生涯の年代記とクルアーンの章の文脈との両方が、新たな方法で理解され、解釈されるようになった。イスラム教はまた広まっていき、ムハンマドを知らない新しい指導者が、新しい地域で権力を握るようにもなった。こうして数多くの物語が、徐々に発展していった。実話もあったが、政治的な手段として見合うように作り上げられたものもあった。また思い出から作り出されて、追加された物語もあった。こうした物語がまとめられて、ハディースを構成している。

　ムハンマドが死んで3世紀が経つと、何人もの異なる著者によって、これらのハディースが収集され、評価された。これは何千もの格言について、それが真正であるか否かを決める膨大な作業だった。ある格言が真正であるかどうかを決めるために使われた基準は、記録されている伝達の経路（イスナード）である。この際には、伝承に名前の挙がっている人々が信頼できるか否かに注目した。にもかかわらず、イスラム教のスンニ派とシーア派とは異なるハディースを持っている。

　個々のハディースには、文書と伝達者（イスナード）とがある。どのハディースもムハンマドの行動を伝えるか、あるいは、さまざまな問題に対するムハンマドの批判や賞賛を伝えている。ハディースの内容は、イスラム教徒の日常生活の指南として使われている。

クルアーンとハディースの学術的研究

　今日、クルアーンは啓示によって与えられたという権威ある物語を疑問視し始めた人もいる。クルアーンのきわめて初期の写本はほとんどなく、発見された写本の中にも、些細ではあるが本文の異同がある。神（アッラー）はムハンマドに直接語ったという信仰があるために、これらの発見は議論を呼んでいる。

　ハディースは、ムハンマドの死後数百年してから収集された。ハディースの真偽を検証する手段としては、連綿と続いた伝達者に頼るしかないので、ハディースが真理として価値があるのかと疑う人も出てきた。偽りのハディースがあることを、ほとんどのイスラム学者は否定しないが、偽りのハディースは取り除いてきたと主張している。

　イスラム教徒の中には、クルアーンだけが人生指南の源泉であるべきだと主張し、ハディースを使うことを拒絶する教派もある。これは一般的な反応ではなく、ほとんどのイスラム教徒はハディースは信仰にとって必要不可欠であると考えている。

クルアーンの抜粋（スーラ2・255）

神よ！　この方のほかには神はいない
——生きている方、
満ち足りている、永遠の方。
まどろみも、眠りも、神を捕らえることはできない。
天と地のすべてのものは、神のものである。
一体誰が、神の前でとりなすことができるだろうか、
神が許さないかぎりは。
神は、かつて何が（神の被造物に）起こったのか、
　今後何が起こるのか、
あるいは起こったことの背後に何があるのかを知っている。
人が彼の知識を十分に理解することはないだろう。
神がそうさせないかぎりは。
神の王座は諸々の天と地に広がっており、
神は人々を守護し、保持して疲れを感じることはない。
なぜなら神は最も高く、
栄光において最も優れた方であるから。

13世紀の製作とされるマグリブ文書（北アフリカ）のクルアーンの一部

イスラム教

信仰と実践

「イスラム」とは「服従」を意味する。それゆえに生活のすべて——イスラムの信仰と実践のすべて——は、アッラーへの服従を顕示すべきだ、とイスラム教徒は考えている。アッラーに対する服従を実践するために、イスラム教は信者の生活にリズムを与えている。

イスラム教には「5つの柱」があり、そこでは信仰と実践とが一致しているため、生活と礼拝とは、5つの柱によって「支えられる」。信者が義務だと考えているこれらの行為は、イスラム教徒の生活の基礎である。

クウェートのクウェート市にあるモスクで、金曜日の日中の祈りのために伏し拝むイスラム教徒

イスラム教の5つの柱

1. シャハーダ——証人の宣言。この主要な信仰告白の信条は、「神（アッラー）以外に神はいない、そしてムハンマドは神の預言者であると私は証言します」である。シャハーダは祈りのときに唱えられ、新生児の耳に囁かれる最初の言葉であり、誰かが死んだときにも唱えられ、意図的に唱えるならば、イスラム教への改宗行為となる。
2. サラート——祈り。共同体の祈りが幾つかあって、朝から晩までの日常生活の中で日課となっている。祈る前に、清めを象徴する洗いの儀式を行う。祈りは通常モスクで唱えられるが、もし祈り用の敷物を使うならば、祈るように呼びかけられたときにどこにいても、祈りを唱えることができる。祈る人はサウジアラビアの都市メッカ（カアバのある所。イスラム教では最も聖なる場所）の方に顔を向ける。そのためにモスクには、メッカの方向を示すキブラという印がついている。
3. ザカート——慈善。ここでは、個人の資産の2・5%を捧げる。実際には、総資産の価値ではなく、たいてい手持ちの現金が幾らかに従って、施しがなされる。ザカートには二重の理由がある。つまり生活困窮者を助けることと、金銭の誘惑から、施す者を清めることである。ザカートとして捧げられた金銭は、宣教を助けたり、改宗者を獲得したりするためにも用いられる。
4. サウム——断食。ラマダーンの月は、断食の月である。人々は日中の飲食と性交渉とを差し控える。日中の断食は、日没に食する共同の食事（イフタル）によって終わる。病人や妊娠中の女性、旅行中の人は免除されるが、別の日に断食して埋め合わせをするように求められる。イード・アル＝フィトル（断食後の祭礼）が、その月の最後にある。
5. ハッジ——メッカへの巡礼。少なくとも一生に一度は、可能な者は誰もが、この巡礼をするように期待されている。巡礼は自分を清めるときであり、他の何百万もの人々と一緒にメッカにあるカアバの回りで祈りに集中する行為に連なるときでもある。巡礼の最後に来るイード・アル＝アドハー（犠牲の祭礼）は、アブラハムが喜んで我が子を捧げたことを覚えて行われる。

ジハード

ジハード（「奮闘」）もイスラム教の柱の1つであると考える人がいる。クルアーンは40回以上もジハードについて語っている。「奮闘」している——すなわち、ジハードに加わっている——人は、ムジャーヒディーンと呼ばれる。ほとんどの人はムジャーヒディーンという用語を、霊的であることだと理解しているが、イスラム教は暴力を促していると議論する人もいる。広い意味でジハードは、イスラム教徒の信仰を上手に生き抜くための、信者の内なる葛藤を意味している。これはイスラム教徒の共同体を築くためであり、また必要とあれば軍事力をもってイスラム教を防衛するためである。この後者の考え方は、ムハンマドの歴史的な文脈を反映しているが、ジハードは、ある人たちにとっては何らかの「聖戦」だと見なされるようになった。

暦と祭礼

イスラム教の暦の12か月は太陰暦によるので、太陽暦のグレゴリオ／キリスト教暦より11日短い。毎日5回の祈り、金曜日の祈りとさまざまな祭礼が一年の周期を規定している。

■イスラム教徒の元旦は、後622年にムハンマドがメディナに逃れたヒジュラを記念する日である。
■シーア派のムハッラムの祭礼は1番目の月に行う。ムハッラムはムハンマドの孫（フサイン）の死を覚えて行われる。
■3番目の月には、ムハンマドの生誕日を記念する（マウリド・アン＝ナビー）。
■7番目の月には、ムハンマドが夜、天に旅した記念日がある。
■8番目の月には、徹夜祈禱が行われる。なぜなら「力の夜」はアッラーがすべての人々の翌年の運命を決める時だからである。
■ラマダーンは9番目の、断食の月である。ラマダーンはイード・アル＝フィトルの大祭で終わる。ラマダーンは饗宴・慈善・祝典に共同体として参加するときである。
■ハッジは最後の月に行われ、イード・アル＝アドハーの犠牲で締めくくられる。

6つの信仰箇条

イスラム教徒は、信仰の礎となる6つの鍵ともいえる概念を大切にしている。

1. アッラー（神）は唯一

神を除いて神はいないとシャハーダ（信仰告白）は宣言している。いかなるものであれ、何かをアッラーと結びつけることは大罪（シルク）である。それゆえにイスラム教は、アッラーをかたどった像を容赦しない。

2. 天使の教義

イスラム教では、天使が存在すると教えている。天使は霊的な存在であって、人々を助け、人々の行動を記録する。ここには、ジンとして知られる他の霊的な存在がいることも暗示されている（ここからジーニーつまりジンにまつわるアラビアの物語が生まれた）。実際に多くのイスラム教徒は、自分の生活が霊的な存在の世界にどっぷりと浸かっていると考えているが、その霊的な存在のあるものは危険であり、汚れている。

3. 使徒の教義

ムハンマドは、最後のそして最終的なラスール（使徒あるいは使者）と見なされている。ゆえにアダム、ムーサー（モーセ）、ヌーフ（ノア）、イブラーヒーム（アブラハム）、イーサー（イエス）は、クルアーンにおいて尊敬されてはいるが、ムハンマドより優位に置かれることはない。

4. 正典（啓示）の教義

イスラム教によれば、他の預言者が他の経典を持ち込んだ（モーセはタウラーあるいはトーラーを、ダビデ王はザブールあるいは詩篇を、イエスはインジールあるいは福音書を）が、これらの経典は破損してしまったという。クルアーンはこれらの啓示の頂点であり、また封印であると見なされている。クルアーンは文字どおり神の言葉であり、アラビア文学の中でも最高傑作である。

5. 最後の審判と死後の生活があるという教義

ムハンマドのメッセージは偶像崇拝からの回心を呼びかけている。というのは、天国と地獄にまつわる裁きがあるからである。クルアーンの教えによれば、復活のときに、誰も救いを確信はできないが、人々の行いは記録されており、最後に秤に掛けられるだろう。

6. 予定説の教義

アッラーは全能であると見なされており、ゆえに起こる出来事をすべてあらかじめ定めている。それゆえ神の意志（インシャラー）つまり神の統治と導きとはイスラム教徒の人生に対する態度の核にある。

イスラム教の祭礼

- 10日イード・アル＝アドハー（犠牲の祭礼）
- 8〜13日ズー・アル＝ヒッジャ（巡礼）
- 1日ラバイハラム
- 10日アーシューラー祭礼（イマーム・フセインの殉教日）
- 12/17日マウリド・アン＝ナビー（ムハンマドの誕生日）時刻はいろいろである
- 1日イード・アル・フィトル（断食の月の終了）
- 21/23/25/29日エイラット・アル・カダール（力の夜）
- ラマダーン（断食の月）
- 27日エイラット・アル・イスラ（預言者の夜の旅）

月（時計回り）：ムハッラム、サファル、ラビー・ウル・アッワル、ラビー・ウッサーニ、ジェマダル・ウッラ、ジェマダッサーニー、ラジャブ、シャバーン、ラマダーン、シャッワール、ズルカーダ、ズルヒッジャ

■ イスラム暦の月

サラート、毎日5回捧げる祈り

- ファジュル──夜明けと日の出の間にする祈り
- ズフル──正午のすぐ後にする祈り
- アスル──遅い午後にする祈り
- マグリブ──日没から暗くなるまで間にする祈り
- イシャー──日没から真夜中までの間にする祈り

イスラム教（ヒジュラ）の暦は、1年が354日の太陰暦のみに基づいている。毎月の日数は月の満ち欠けによって調整され、新月の約2日後に始まる。これは、グレゴリオ暦に照らして見るならば、祭礼が毎年少しずつ早まっていくことを意味する。イスラム教の一年はムハッラムの初日に始まり、ムハンマドがメッカからメディナに移住した年から数える。

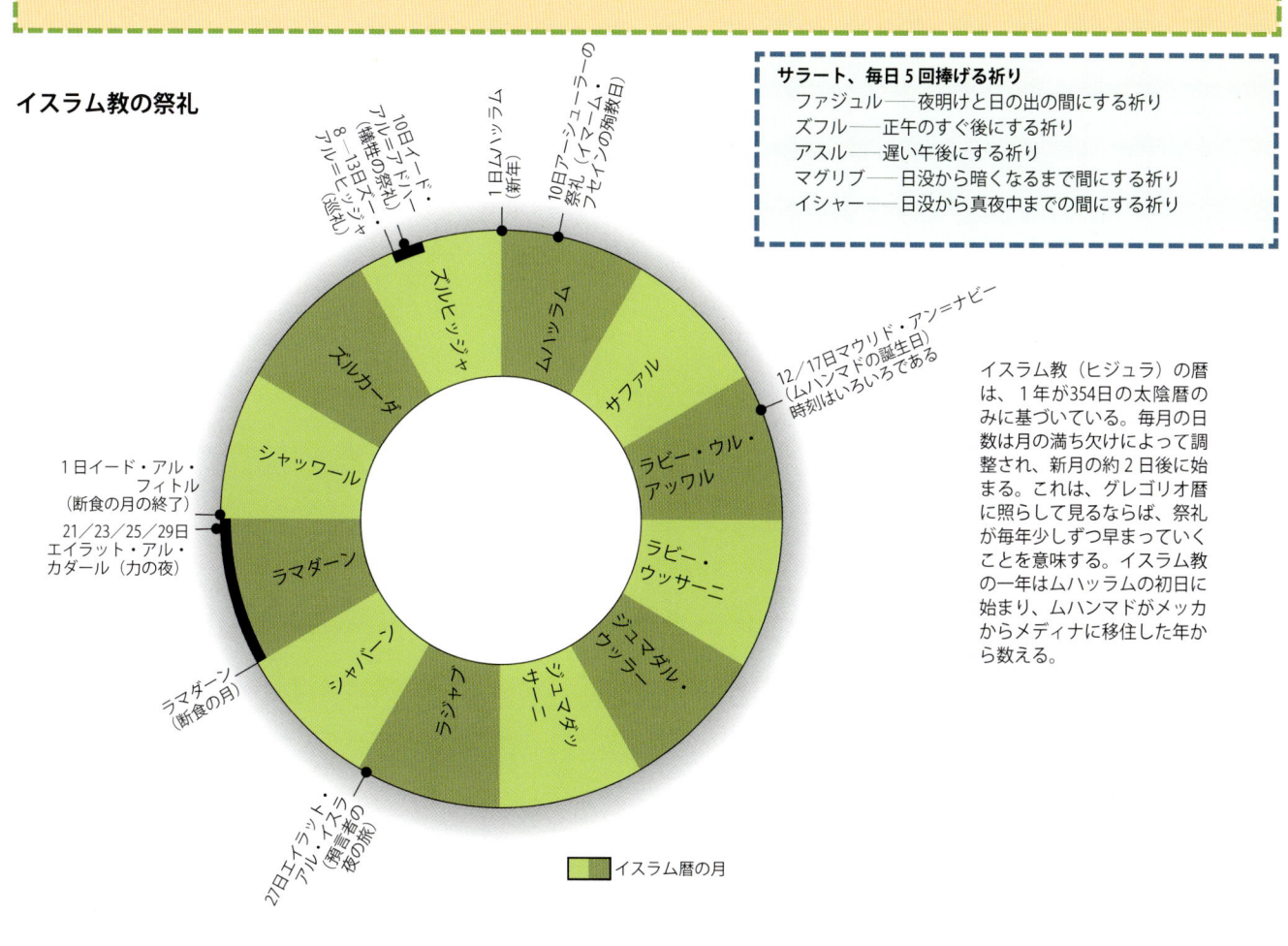

イスラム教

スンニ派、シーア派、スーフィー教

イスラム教には2つの主な教派があり、スンニ派（世界のイスラム教徒人口の約85％）とシーア派（世界のイスラム教徒人口の約15％）として知られている。シーア派イスラム教徒は主にイランを拠点としているが、イラクを横断して他の中近東諸国を西へ、また東はパキスタンと南アジアにまで広がっている。スンニ派とシーア派の違いは、預言者ムハンマドの死後、この新たな運動を誰が導くべきであったかという問題に焦点がある。スンニ派の意見によれば、指導するにふさわしい有能な指導者が導くべきであるのに対し、シーア派の信ずるところでは、預言者ムハンマドの血族に属する者が導くべきだった。この緊張関係は、ムハンマドの孫フセイン・イブン・アリー（後626―680年）が死んだときに、危機的な状況にまで達した。フセインが死んだのを、シーア派はスンニ派による背信と暗殺のせいであると見なしている。この出来事はムハッラムの祭礼（イスラム太陰暦の1番目の月の10日頃）で記念されている。この祭礼では、犠牲という概念を強調し、鞭打ちの行（自らを鞭打つこと）によってその概念を表現することもある。

セマー舞踊あるいはサマー舞踊。ヨーロッパ人には、旋舞するダルヴィーシュの踊り、あるいはスーフィー旋舞として知られている。

スーフィー教

長い歳月を経る中で、多くのイスラム教徒は神秘主義に注目するようになった。これはスーフィー教として知られるようになる。スーフィーの霊的指導者（ピールあるいはシャイフ）は、神と霊的に一体となる方法を教える。禁欲生活が一般的であり、神の名を瞑想することも同様に一般的である。イスラム教が主流である国々全般にスーフィー教は広がったとはいえ、特に強く

スンニ派とシーア派がそれぞれ影響力を持つ地域の分布図

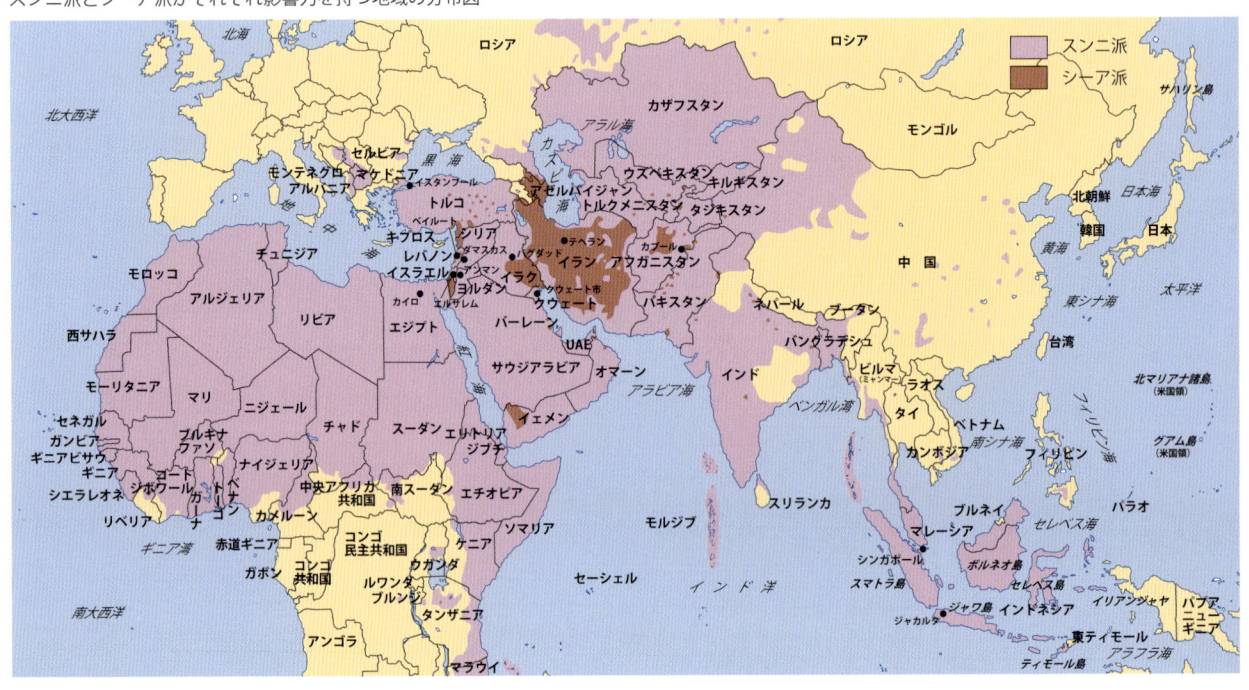

イスラム教は、移民の流れと意図的な拡大とのために、本当に世界的な宗教になった。世界の主要都市でモスクのミナレット（光塔）を見かけることは、今では珍しくなくなった。これはほんの一例だが、アメリカはニューヨーク州マンハッタンにあるイスラム文化センターである。

イスラム教原理主義

　宗教的な原理主義はイスラム教に限ったことではない。イデオロギーとしての原理主義は、キリスト教、ヒンドゥー教、シク教、仏教、世俗主義など、ほかでも見受けられる。原理主義という用語が作り出されたのは1900年代初期のカリフォルニアで、キリスト教が背景となっていた。原理主義は、近代主義が霊的に不毛であると感じられたこと、また聖なるものが周縁に追いやられていることに対する1つの応答だった。ここには「原理的なもの」への回帰がある。すなわち迫害に直面していると感じ、周縁に追いやられていると感じる中で、宗教にとって純粋な、あるいは核となる信仰と儀式とへ回帰しようとする。

　欧米の評論家の解釈によれば、イスラム教原理主義は、サウジアラビアのワッハーブ運動や、1979年のイラン革命や、アフガニスタンのタリバンや、幾つかの国でシャリーア法への移行がなされたことに、その形を現した。全世界に及ぶアルカイダの影響や活動も、また女性に課された社会的な束縛も、イスラム教を原理主義的に解釈して伝えたものである。

　特に9・11以降、欧米では政治的な粉飾をして語られているものの、ほとんどのイスラム教徒は、家族や隣人とよい関係を築きながら、成功して、平和な人生を送りたいとただ願っている。他の宗教の信者と同じように、イスラム教徒の生活や信仰も、自分が置かれているさまざまな文脈の中で、相互に影響を与えながら形作られている。

影響を受けたのは北アフリカ、トルコ、イラク、南アジアであった。しかし、聖人の墳墓を崇拝したり、ヨガのような修行をするのは、多くのイスラム純粋主義者の怒りを買った。

精霊

　天使の存在を信じると同時に、多くのイスラム教徒は、悪霊・ジン・霊力に取り囲まれている世界に自分は生きていると考えている。それゆえに、邪視・呪詛・治癒・豊饒・繁栄は魔術から借りた用語を使って解釈することができた。これはときに「民間信仰のイスラム教」という用語で呼ばれるが、これでは同じ宗教行為を行う統一された宗教運動だという誤った印象を与える。民間信仰のイスラム教には多様な形があり、これらもイスラム教の中の純粋主義者から顰蹙を買っている。

サラフィー

　イスラム教の純粋主義者はサラフィー（「先行者の後を追う人々」）あるいは原理主義者——信仰の基本原理に注目する人々を意味する言葉（多くのイスラム教徒が好まない用語だが）——と呼ばれることがある。イスラム教の純粋主義とは、イスラム教の「純粋な」要素を探求する運動であるが、これには多くの種類がある。神学的な純粋主義の運動（例えばインドのデオバンド派とタブリーグ・ジャマート派）もあれば、政治的な運動（サウジアラビアのワッハーブ派と南アジアにあるジャマティ・イスラミ派）も、暴力的なジハード志向の集団もある。原理主義者だと呼ばれている集団について耳にするとき、その集団の見解に、これら3つの要素が、どのように組み合わされているのかを明確にするのが重要である。

イスラム教の流れ

　イスラム教には異なる潮流がある、と大まかに語ることができる。そのうちの2つであるスンニ派とシーア派とは、歴史的にも教義的にも形が整っているので、「教派」として見なされる。この2つの集団の中に、スーフィー教と「民間信仰」として現れたイスラム教がある。

95

ヨルバ教とブードゥー教

アフリカから世界へ

ヨルバ人はナイジェリア南西部、ベニン、トーゴ、シエラレオネに幅広く住む人々の集団であり、その宗教——イファ——は特にカリブ海、ブラジル、コロンビアに影響を与えている。

今日、ヨルバ人のイファ宗教——あるいは単に「ヨルバ教」——は、アフリカの占いを旨とする宗教と、ヨルバ人がカリブ海に来た際に出会ったローマ・カトリックとの混ざり合ったものである。アフロ・カトリック民衆宗教と呼ばれることもある。アフリカの伝統とカトリックの伝統とのこの混合から、ブードゥー教が生じた。当初、ヨルバ教は17世紀にアフリカ人奴隷とともにアメリカ大陸にやって来たが、移民とメディアのおかげで主流派の宗教に加わり、今や世界中に広まった。例えば第二次世界大戦後に、合衆国とイギリスにカリブ人が移民したとき、ヨルバ教も持ち込んだ。欧米の映画で描かれるブードゥー教とゾンビ信仰は、ヨルバ教の観念から部分的に着想を得ている。

アフリカだけで、ヨルバ人は約1900万人いる。カリブ海諸国と南米諸国を加えると、信奉者の数は約1億人に上る。ハイチ、プエルトリコ、ドミニカ共和国は、ヨルバ教またはブードゥー教が顕著に見られる、最もよく知られた例だろう。

核となる信仰と実践

ある意味では、他の部族宗教あるいは「原始」宗教のように、ヨルバ教とは何かを信じるというよりも、何かを行うことであり、生活の実際的な方法であるといえる。よいことを語り、業績を挙げることが、信条や教理を系統立てて語ることよりも高く評価される。ヨルバ教は占いに支配されている。占いの儀式をきちんと行うことが、霊たちとうまくやっていくために重要である。

ヨルバ教またはブードゥー教は、生者と死者との人間関係を強調する。死者には祖先や、目に見えない神々と霊も含まれる。占いと一緒に、憑依、動物のいけにえ、音楽、ダンスも高く評価される。ヨルバ教では、人間は1つ以上の魂を持っている（普通は少なくとも2つ）と信じられており、生まれ変わりも肯定している。それで、魂を失ったり（あるいは盗まれたり）、または適切な数より少ない魂で体を動かしたり（そのせいで病気になる）することもありうる。したがって、生まれて死ぬという自然の循環は重要である。ゾンビとは、霊か魔術の少なくともどちらかによって魂を盗まれた人々である。

ブードゥーマスター、サメディ男爵。映画「007死ぬのは奴らだ」（1973年）の登場人物。

> 参照箇所
> 原始宗教、12—13頁
> アフリカの宗教、24—25頁

最高神オロドゥマレ

　それでも、ヨルバ教またはブードゥー教にはよい面がある。占いによって魂をケアするので、身体の健康が保証される。したがって身体の病気を治療することは、悪霊を取り除くことにも結びついている。さらに信者は、最高神オロドゥマレ（オロルンとも呼ばれる）に祈願して、自分の魂がどこに生まれ変わるかを選ぶことができる。するとオロドゥマレは信者に、自分の運命と、幸運と凶運との独自の分け前を選ばせてくれる。

　しかし人間の側の問題は、ヨルバ人が考えているように、忘れっぽいことと、オロドゥマレとの関係を切ってしまうことである。人々はオロドゥマレが与えてくれたよい物を忘れ、オロドゥマレから断絶してしまっている。しかしオロドゥマレとの関係を思い出すと、回復する。そのように人々が思い出すとき、オロドゥマレが定めてくれた運命に生きることができるようになる。

オリシャ

　ヨルバ人の世界には、オリシャと呼ばれる神格が400以上住んでいて、人々が運命を思い出すのを助けてくれる。オリシャは自然（例えば川、海、雷）の霊であり、神格化された先祖でもある。人間とオリシャの境界線は定義されていない。ゆえに超自然的世界と物質界は1つである。すると司祭（ババラオとイヤラオ）には瞑想が必要となる。物事を起こさせ、人の運命を成就する力（アシェ）が求められる。目的は、この人生の今ここで繁栄することであり、人間とオリシャの間の調和と繋がりを見つけることである。

　ヨルバ教またはブードゥー教は混合主義的（すなわち異なる宗教的伝統の融合体）であり、姿を変えて、迎え入れられる先の文化に適応する。例えばアフリカではオリシャ神殿であったものが、カリブ海諸国に行くと家に変わった。ブードゥー教はハイチの日常生活に織り込まれているので、ハイチのかつての大統領（1957—71年）フランソワ・デュヴァリエは、政治的支援を勝ち取るために、人々のブードゥー教信仰を操作した。ブードゥー教は今や、ニューヨーク、ロンドン、マイアミ、ロサンゼルス、トロントなど、世界の大都市にある移民の共同体の中で、公に表現されている。ヨルバ教は白人のアメリカ人や、より広い南米文化の間でも表現されてきた。その影響力は拡大し続けており、世界宗教の十本の指に入るほどになっている。そのカトリック的特徴とブードゥー教的特徴は、修正・変更され続けている。

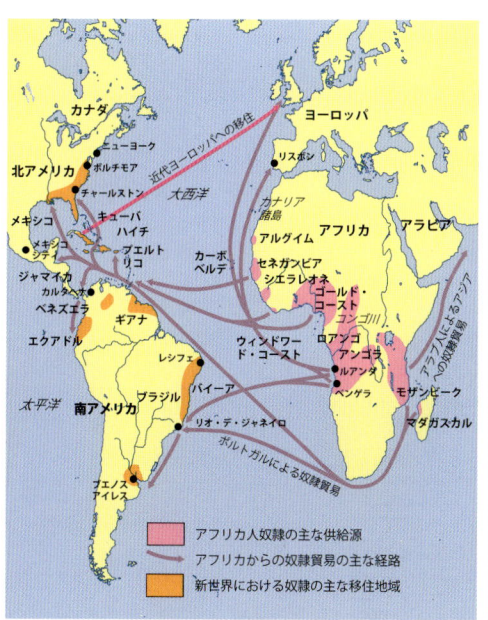

ハイチの人々のブードゥー教の儀式。

カリブ海への移動――新世界での変容

　17世紀にヨルバ人が奴隷としてハイチのフランス植民地に到着したとき、そこの主な宗教はカトリックだった。ヨルバ教は、以前にアフリカでカトリックと出会っている。15世紀にやって来たポルトガル植民地開拓者の宗教がカトリックだったからである。より包括的なこの「アフリカの民族宗教」が奴隷たちの生活を支えた。奴隷たちはオリシャをカトリックの聖人に作り直した。オグンは聖ペテロ、イェモジャはルグラの聖母、オヤは聖テレサに。こうなったのは、アフリカの先祖から遠く離されたため、先祖代々のオリシャが忘れられたからでもある。

ジャイナ教

平和な宗教

ジャイナ教は小規模だが重要な宗教である。世界中におそらく600万人のジャイナ教徒がおり、発祥地のインドには400万人の信者がいる。例えば、イギリスにはおおよそ25,000人のジャイナ教徒の移民がおり、アメリカには、小規模だがそれとわかる諸集団がある。例えばヒューストンでは、約600人のジャイナ教徒が活動している。

ジャイナ教はインドの非常に古い宗教である。ヒンドゥー教と同時に発達したが、仏教の影響も受けている。ヒンドゥー教や仏教と同じように、カルマ、転生、倫理、禁欲主義の概念がジャイナ信仰の一部でもある。

ジャイナ教の創始者

マハーヴィーラ（前599—前527年頃）が一般にジャイナ教の指導者とされる。彼はジャイナ教を創始したというより、インドの寄せ集めの世界観に共通しているものの、しばしば休止状態にある実践・信仰・生き方を回復し、改革し、大衆化したのである。

マハーヴィーラはクシャトリヤ（戦士）階級の王子として、現在のインドのビハール州にある、とある村に生まれた。両親の死後間もなく、30歳で宮殿を離れて禁欲生活を送った。「マハーヴィーラ」は称号である。生まれとしてはヴァルダマーナ王子であったが、禁欲主義者になるとすぐに、厳しい断食と瞑想を行って、どうにかケーヴァラ・ジュニャーナ（悟り）を得たため、「偉大な英雄」を意味する「マハーヴィーラ」という称号を得たのである。

インドのラナクプールにあるアーディナータ寺院で、聖人たちに野バラ、白檀のペースト、サフラン、樟脳をささげる（すなわちプージャー〔供養〕を行う）準備をするジャイナ教の巡礼者。不注意に虫を呑み込んだり、捧げ物の芳香を嗅いだりしないように鼻と口を覆っている。

> ● 参照箇所
> ヒンドゥー教、42―43頁

信仰と実践

アヒンサー

ジャイナ教の中心的な徳は、アヒンサー――非暴力、具体的に言えばあらゆる生き物を傷つけないこと、である。これは、生きているものはすべて魂を持っているので、等しい価値のあるものとして扱われるべきだからである。魂を殺した人のカルマには悪い結果が起こる。

ジャイナ教徒は厳格な菜食主義者だが、生き物を押し潰したり吸い込んだりしないように注意しているために、公の場ですぐに見分けがつくこともある。生き物を踏み殺したりしないために、僧侶たちが自分たちの前の道を掃いている姿が見られるだろう。虫を呑み込まないようにマスクを着け、水を漉してから飲むこともある。

> アヒンサーは最も高い理想であるが、ほかに人生を導く3つの原則もある。
>
> 1. 正しい信仰
> 2. 正しい知識
> 3. 正しい行い

タパス

ジャイナ教は精神の鍛錬を要求するのと同様に、身体の苦行（タパス）も強調する。タパスはインドで一般に広く実践されているが、ジャイナ教では究極まで高められる。例えばジャイナ教における最も気高い理想は、聖人が断食して死ぬことである。

神や創造者の不在

ジャイナ教には神がいない。正確にいうと、ジャイナ教徒は不可知論者である（唯一神あるいは神々が存在するかどうかを知ることはできないと信じている）。創造者はいない。宇宙は巨人の形をしていて、世界の今の時代にいる人間は、その巨人の腰のあたりに位置していると信じている。よいカルマを持つ魂は、この宇宙を表す巨人の一番上まで上昇し、痛みや活動から解放される。すべての魂は全知――すべてを知っている――であるが、知識の喪失によって汚されている。ジャイナ教は本質的に、自助の宗教である。解脱とは正しい知識を通して全知へ戻ることであり、禁欲的鍛錬を通して得られるものである。

ジャイナ教の教派

ジャイナ教には2つの主な教派がある。ディガンバラ（「空衣」）派とシュヴェーターンバラ（「白衣」）派である。これは服装に由来する。「空衣」派は究極の禁欲主義の証拠として観念上は何も着ていない。一方、「白衣」派は質素な白い衣服を着る。

ジャイナ教の経典

マハーヴィーラの教えはアーガマと呼ばれる。これは暗記された言葉に基づいている、僧侶や尼僧は財産を所有することを許されていなかったので、マハーヴィーラの言葉を書物に記すことができなかったからである。これらの格言についての注釈が増えるにつれて、暗記するべき言葉の量も増えた。時とともに、その集積は、記憶が失われた（および大部分が書かれなかったという事実の）ために損なわれるようになった。前350年に厳しい飢饉があって、多くの僧侶が死に、記憶の伝承も絶たれた。

アーガマはシュヴェーターンバラ派にとって正典ともいえる文書である。彼らは、十分な数のスートラが飢饉後にも残ったと信じている。ディガンバラ派は、アーガマはすべて失われたと信じている。このため、2つの教派で文書が果たす役割が異なっている。僧侶と尼僧は、今では宗教的文書を所有することが許されている。

文書に価値があるのは、必ずしもマハーヴィーラが言ったことを記しているからではない。永遠で、無限の、しかし固定された真理を表しているから価値があるのである。これら文書は、神や人に起源しない伝承を表していると信じられている。

浅瀬を作る者たち

マハーヴィーラは24人のティッタンカラ（「浅瀬を作る者」）の最後の人と考えられている。浅瀬を作る者とは、川の浅瀬を渡るように、存在の向こう岸へ「横断」する方法を他の人に示す人である。ジャイナ教寺院には「浅瀬を作る者たち」の像がある。

インドでの影響

ジャイナ教徒は、生き物を傷つける（例えば、耕すことでミミズを殺す）恐れがあるため、農業に従事できないので、商人や職人になる傾向がある。このため、禁欲主義の誓いをしなかった者の中には、インド経済に少なからぬ影響力を持つようになった人々もいる。

インド、ラジャスタン州のジャイサルメールにあるジャイナ教寺院にあるマハーヴィーラの像。ジャイサルメール要塞の内部には、12世紀から16世紀に建造されたと考えられる黄色い砂岩でできたジャイナ教の寺院が7つ集まっている。

> **5つのマハーヴラタ（禁欲の誓い）**
>
> マハーヴラタはモクシャ（魂の解放）へと向かうジャイナ教徒の霊的な旅の一部と考えられている。
>
> 1. 暴力は振るわない
> 2. 所有物に執着しない
> 3. 嘘をつかない
> 4. 盗まない
> 5. 性交渉の制限（独身が理想）

ゾロアスター教

およびムンバイのパールシー

現在のイラクの東部で生まれたゾロアスター教は、世界最古の一神教の1つであり、元来、唯一神アフラ・マズダをあがめていた。おそらく2900年前に、預言者ゾロアスターによって創始された。ゾロアスターの生きていた時代については諸説あるが、前7世紀と前10世紀の間と推定されている。ゾロアスターという名前は「ザラスシュトラ」のギリシア語形から来ている。

ゾロアスターは当時の宗教の特徴に対して抗議した。つまり戦士の文化、雄牛を犠牲にすること、霊的な陶酔を得るために幻覚作用のある薬物を使用することに反対した。このようにして、確立されていた秩序をある程度覆した。

しかしゾロアスター教は、最盛期には世界でも非常に影響力のある宗教になった。1000年間（前600—後650年頃）、ペルシアの国教だった。今日では、世界中で信者数19万ほどの非常に小規模な宗教であるかもしれない。しかしゾロアスター教に由来する現代のパールシー（パルシス）は、西インドの都市ムンバイ（ボンベイ）で影響力を持っている。そこにおける信者の数は7万ほどだが、商業と産業に多大な影響を及ぼしている。

信仰

アフラ・マズダ——「英知の神」——はゾロアスター教の唯一神である。アフラ・マズダには、子供として双子の霊スプンタ・マンユ（善意ある霊）とアンラ・マンユ（敵意のある霊）がいた。最初にこの2つの霊は選択を行った。一方は善を選び、もう一方は悪を選んだのである。それで今、人は各自で同じように、善か悪かの選択をするのである。したがってゾロアスター教は二元論である。善と悪、光と闇は互いに相反している。ここには宇宙的な二元論と倫理的な二元論の両方がある。宇宙の中で2つの等しい力が争い、人の心の中で2つの等しい力——善と悪——が争うのである。

経典

ゾロアスター教の聖なる書物はアヴェスターで、後6世紀頃に編纂されたが、その内容はそれより何百年も古い資料によって構成されている。2つの部分に区分され、古いほうの部分には、ゾロアスター自身が書いたと考えられている17の賛歌（ガーサー）が入っている。アヴェスターの新しいほうの部分は、古い部分の注釈であり、神話や物語、また儀式に関する指示も入っている。

火は、ゾロアスター教の儀式において重要な要素である。ゾロアスター教徒は火を礼拝していると誤解されることもある。火はアフラ・マズダの光と知恵の象徴として使われる。ゾロアスター教の寺院は「火の寺院」(Agiary) として知られている。

沈黙の塔。ゾロアスター教徒の埋葬地で、イランのヤズドにある。ヤズドはゾロアスター教文化の中心地。

パールシーの移住者

　イスラム教徒によって迫害されたために、ペルシア人の中には、信仰の自由を求めてイランを離れる者もいた。これらの集団は現地に適応するのか、滅びるのか、どちらかの道を辿らねばならなかった。後9―10世紀に東へ移民した人々は、インドのグジャラートの海岸地域にやって来た。その地域の王が居住を許可し、この集団が中核となって形成したのが、現在西インドにあるパールシーの共同体である。ここに移住した集団は、ペルシアで始まったゾロアスター教の最初の姿を継承していると認められる主なグループである。本拠地はイスラム教の圧力に屈してしまった。今日ゾロアスター教について語るとき、実に、この集団はまず最初に念頭に浮かぶまでになった。パールシー（パーシー）とは、単に「ペルシア人」という意味である。

マギ

　新約聖書にマタイが記録しているように、マギ（賢者たち）は幼児イエスを礼拝するために出かけた人々であるので、おそらく最も有名なゾロアスター教徒であろう。この人々は、おそらく学識のある祭司であり、知恵の伝承によって訓練されていたであろう。下の写真は、キプロスの聖ネオフィトス修道院にある15世紀の壁画で、星についていく3人の王を描いている。

宗教行為

　ゾロアスター教には、拝むべき像がほとんどなく、一般に信者に対してあまり命令をしない。ゾロアスター教徒は規則にのっとった方法で礼拝しなくてもよい。祈り（アフラ・マズダに呼びかけ、褒め称えること）と清めの儀式が行われる。こうした儀式の多くは、純潔や悪に打ち勝つ熱意と関係がある。倫理は最優先しなければならない。信徒はよい言葉、よい思想、よい行いをもって生活を送ろうと努力する。

　独特な宗教行為は、死体を放置することである。人が死ぬと、その体は儀式的に汚れたものとされる。死は悪の働きだからである。大地は清いので、腐敗していく死骸や、火葬の灰で大地を汚すことは冒瀆である。そのため、死骸は特別に建てられた「沈黙の塔」（ダクマ）に横たえられ、はげわしに食わせる。ムンバイの都市には、このための特別な公園があるが、他の共同体ではゾロアスター教徒は火葬を採り入れた。

ムンバイのタタ・グループ

　インドのパールシー共同体は、商業と慈善事業で成功を収めている。歴史的にも経済的にも、ムンバイ市の存在そのものに対して、大きな責任負っている。このことはタタ・グループに顕著に見られる。タタ・グループは、少なくとも5代にわたって同じパールシーの一家（タタ家）によって経営されており、世界でも最大の複合企業の1つに成長し、トラック輸送・化学・小売・エネルギー・工学・情報技術・ホテル・鉄鋼・不動産・サービスに関わり、80か国に114の会社がある。

101

シク教

グル・ナーナクと信仰とグルドワーラー

シク教徒の故郷は南アジアのパンジャブ地方である。1947年にパンジャブは、イスラム教のパキスタンと、特定の宗教を持たないインドという新しい国家の間で分割され、シク教徒は故郷の大半を失った。1966年にインドのパンジャブ州がさらに、パンジャブ、ハリヤーナー、ヒマーチャル・プラデーシュの3つに分割されたことは、シク教徒が彼らの州パンジャブで多数派になれた理由の1つでもある。世界中に2000—2700万人のシク教徒がいるが、その60—80%はインドにいる。ほかの場所にもかなりのシク教徒人口がいる。例えば33万6千人を超えるシク教徒がイギリスで暮らしている。アメリカ合衆国には50万人以上のシク教徒がいる。

グル・ナーナク

シク教は、どちらかといえば新しい宗教である。16世紀にグル・ナーナク（1469—1539年）によって創設された。「シク」は弟子を、「グル」は教師を意味する。グル・ナーナクは、当時の主要な概念を利用し、革新的な方法を用いて、イスラム教とヒンドゥー教をそれなりに統合した。グル・ナーナクは自分の思想を主に詩という形で表現したが、この詩がシク教の経典の基礎となっている。

経　典

シク教の経典には、グル・グランス・サヒブという題がついている。シク教はグル・ナーナクの教え（グル・グランス・サヒブの中にある）と、グル・ナーナクに従った9人のシク教のグルの教えとに基づいている。10番目のグル──グル・ゴビンド・シン（1666—1708年）──は、自分の死後、この書をシク教徒の霊的な導き手とせよと命じた。これ以降、もうグルは現れない。その書自体を、生きている人間のグルのように見なせ、ということであった。

信　仰

シク教は一神教──神はひとりだけ──で、神は人の心と考えの中に常にいるべきだとされる。人は創造の秩序の中で、また自身の心と魂の中で、神を認識し、経験することができる。単なる儀式よりも、よい行いのほうが重要である。誠実に熱心に働き、すべての人を平等に扱い、寛容で、人に仕えることがよい生き方である。カルマと転生は今なお支持されており、シク教の目的は神とひとつになることである。

グル・ゴビンド・シン──今日の信仰を形作った人

10番目のグル、ゴビンド・シンは今日のシク教の、はっきりとわかる特徴を形作った人である。1699年に、ゴビンド・シンはカルサつまり共同体を創設した。これは「聖戦士たち」の共同体を概念化したものである。ゴビンド・シンはアムリトという入信式を創設した。アムリトにおいて、入信者は男女とも、新たな名前をもらい、「5つのK」を身に着けるようになる。

入信式を終えたシク教徒が身に着ける「5つのK」

これら5つのシンボルは、この共同体のアイデンティティーを示す強い要素として機能してきた。
1. ケシュ──切らない髪（シク教の男性はターバンをかぶることで長い髪をまとめる）
2. カーラー──鉄のブレスレット
3. カンガー──木の櫛
4. カッチャー──木綿の下着
5. キルパン──鉄の剣（今日では主に儀式的な目的に使われる）

熱心なシク教徒の男性がインドのアムリトサルで、聖なる水で身を清めている間、ターバンにキルパンを差し込んでいる。

●参照箇所
ヒンドゥー教、42―43頁

アムリトサルと黄金寺院。

グルドワーラー

　シク教徒にとっての聖なる場所はグルドワーラーである。文字どおりには、グルドワーラーは「グルの邸宅」を意味する。書物が「生きているグル」と考えられているので、グルドワーラーとは単にグルが住んでいる場所となる。つまり、そこにあるのは経典だけである。その建物に宗教的な地位があるのは、グル・グランス・サヒブがそこにあるからである。こうしてシク教徒は、文書が読まれたり唱えられたりするのを聞いて、霊的な知恵を学ぶために、グルドワーラーに行く。周りを建物や部屋が囲んでいるのは、グルドワーラーが祭礼や結婚式やその他の共同体の行事を行うための中心地であることも意味している。グルドワーラーは今や、欧米の都市でもたやすく見つけられる。例えば、イギリスには100以上あるし、カリフォルニアだけでも25以上ある。

　日々のキルタンつまり「礼拝」は、経典を読むことや（経典は主に詩の形で記されているので、しばしば歌うことになる）、説教、祈り、儀式用の食物をみなで食すること、から成り立っている。

アムリトサルと黄金寺院

　アムリトサルの町、そして特に黄金寺院は、シク教の中心地である。ここでは経典が唱え続けられ、巡礼者たちがグル・グランス・サヒブと神とに敬意を払うためにやって来る。長年にわたってシク教徒に対してなされた不正と、シク教の故郷が欲しいという願いが強まったために、1983年に過激派が寺院に立て籠った。インドの首相インディラ・ガンディーは寺院を急襲するように命じたが、シク教徒の怒りを買い、1984年にシク教徒のボディーガードたちの手によって命を落とした。

シク教徒と兵士と軍隊

　シク教徒は迫害されてきたし、ムガール帝国の支配者たち、ヒンドゥー教の王たち、それからイギリス人によって長年にわたって、さまざまな方法で故郷の周辺へ追いやられてきた。10番目のグル、ゴビンド・シンはシク教の軍国主義的な考え方を、より鮮明にした。シク教徒は「聖戦士」であるべきであり、キルパン（ナイフか剣）を携行するべきであり、入信式後の名前はシン（「ライオン」）であるべきだと。イギリス統治が不正を行い、インド国家が国境と州境を変更した後、シク教徒は皮肉にも、イギリスとインドの双方の軍隊で職を得た。この軍国主義の多くは、今では儀式的なものになり、情欲、貪り、怒り、高慢、この世のものへの執着という5つの内なる悪徳を征服することへと向けられている。

103

日本の宗教と神道

近代国家の古い宗教

「中国の宗教」のように「日本の宗教」は、日本社会で一般的になっている宗教思想全体を包括するカテゴリーと考えることができる。仏教（特に禅）と儒教は、日本では容易に見分けられるが、日本でほかに類を見ない宗教的伝統は神道である。ある意味で「日本人であること」は3つの伝統によって知られる。

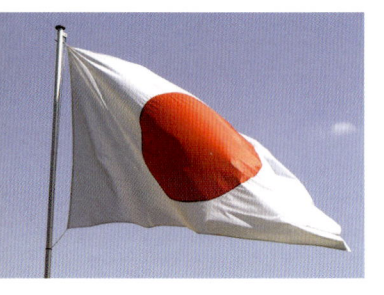

神道

神道には創始者がいないし、排他的でもない。それは生き方である。日本人が呼吸している文化的空気である。神道には、はっきりとした倫理的な原則がないので、熱心な信者がその原則に従って生きるということはない。また戒律のリストもない。

日本の聖なる書物

神道が公認する聖なる書物は、古事記すなわち「いにしえの出来事の記録」（後712年）と、日本紀（日本書紀）すなわち「日本の年代記」（後720年）である。8世紀という制作年代が重要であるのは、8世紀までには仏教と儒教の両方が日本で確立していたからである。ゆえに、これらの「神道の聖なる書物」は、3つすべての伝統の要素を表現している。さらに、政治的な役割もある。その中に記されている神話や物語は、日本の支配者階級を是認し、近隣諸国の民族に対して日本が優位にあると喧伝している。

カミ

「神道」という言葉は、シェン（「神的存在／神格」）とタオ（「道」）を表す中国の文字に由来する。ゆえに「神道」とは「諸霊の道」という意味である。カミと呼ばれる目に見えない霊的な存在と力とが、神道を理解するうえで重要となる。神道とは、カミと神社（カミが住んでいる社）に対して儀式をもって仕えることである。カミは、God（唯一の神）でもgods（神々）でもない。霊的に高められた、人のような霊であって、日本の自然の特徴と関連づけられている。そのため神道は地域に限定されたものであって、国際化はできない。日本の、まさに地形に根を下ろしているからである。カミは山の霊かもしれないが、山自体ということもありうる。このように地域に根を下ろすために、地域ごとの神社が数多くできた。よって世界に認められる、組織のできあがった宗教とはなりがたい。神社で儀式を行うほうが、一定の信条を持つことよりも重要である。

カミという概念は複雑である。カミの全部がよいわけではない。悪いカミもいる。カミは「隠されているもの」を意味する。したがって、あらゆる存在のまさに本質と見なすこともできる。すなわち、何かの中にある聖別された神秘的な特性そのものの霊である。カミは、何か際立って印象的なものとして経験されることもあれば、何か並外れた素晴らしい性質を備えたものでもあるし、何ものかに対して畏敬の念を生み出すものである。カミは、一神教の意味での神ではないが、日本語の聖書では「神（God）」という語を訳すために使われてきた。このことは日本人に混乱を引き起こし、欧米人には誤解を引き起こしてきた。

神道の神社と祭礼の中には、長年にわたって中心的な役割を果たしてきたものもある。祭礼には、共同体を結びつける機能がある。今日、春の桜祭りは人気がある。桜祭りは、古来、桜の木に宿るカミの意図を見つけることによって収穫を予告し、稲を植える季節が来たことを告げたことに起源がある。

● 参照箇所
仏教、44―45頁
儒教、60―61頁

神道における倫理に反する行為
「カミの意思によって生きること」がおそらく、神道での主な倫理原則である。純粋で真摯な心を持つことによってカミを喜ばせることが、重要である。悪い生き方は、以下のものを含むかもしれない。
■カミを怒らせること
■カミへの礼拝儀式を妨げること
■世界の調和を乱すこと
■自然界を怒らせること
■社会秩序を乱すこと
■自分が一員となっている集団に不調和をもたらすこと

神道と天皇
後6世紀頃から、日本の天皇は、最も高いカミ、太陽の女神アマテラスの子孫であり、カミと接触できるということが広く受け入れられるようになった。このことは、天皇を厳密な意味では神格化せず（欧米では誤解されていることが多いが）、むしろ、天皇は儀式を執り行って、カミが日本に対して好意を抱くようにさせ、そして日本が確実に繁栄するようにさせる義務があった。天皇が神という側面を担うようになったのは、明治維新（1867―1868年）のときである。それ以前には天皇の地位は曖昧で、国は将軍（封建的な軍事指導者）によって動かされてきた。1930年代になると、天皇はアキツミカミつまり「現人神」であり、日本は「神国」だと言われるようになった。このことは厳密には、天皇の中にカミの資質が完全に現されていることを意味するが、誰も天皇が全知全能だとは言っていなかった。神性という感覚は、たとえ曖昧なものであっても、第二次世界大戦後にはすべて抑えられた。天皇崇拝を生み出した国粋主義的・軍国主義的観念は牙を抜かれた。天皇の役割は今や大半が儀式的なものである。

日いづる国
神道の書物は、大部分が民話である。そこには政治についての言及がたくさんある。日本の神話では、力のある大和氏族はカミの子孫であって支配権があり、ライバルである出雲一族はその下にあるとする。神道の神話が認めるところでは、日本人は太陽の女神アマテラスの子孫であり、そのため日本の旗には太陽のシンボルがついている。

忠　誠
神道は共同体に忠誠を示すこと、特に自分が一員となっている集団への忠誠を示すことを期待する。このことは、人々を同質的にさせ、強力な経済発展と工業生産を生み出す要因の1つともなっている。

偶像ともいえる富士山（3,800メートル）は、それ自身においてカミであり、毎年何千人もの日本人巡礼者がやって来る。巡礼者の目的は頂上にある神社にまで登ることであり、これは礼拝行為でもあった。

バハーイー教

すべての一致

バハーイーの信仰は、世界の宗教界に立ち現れて間もない。1863年にバハーウッラーによってペルシア（現在のイラン）に創始された。ある意味ではシーア派イスラム教の分派であるが、世界規模の存在感があって、約600万人の信者を数える。

核となる信仰

バハーイーの信仰は、すべての宗教を真実で有効なものとして受け入れる。その核となる考え方は、啓示は少しずつ漸進的に明らかになるということ、すなわち、神は歴史を通してさまざまな時代に介入し、メッセンジャーを通して自らをだんだんと啓示してきたということである。こうしてモーセ、ムハンマド、イエスはみな、神の局面を現してきた。それゆえ、バハーイーの信仰も、完全で最終的なものではない。さらなる啓示が来るはずである。すべての宗教には等しい価値があり、鍵となる思想は一致ということである。バハーイー教の信者は、すべての宗教の信者が人類共通の利益のために一緒に働くべきだと信じている。

漸進的な啓示

ここで意味されているような漸進的な啓示は、バハーイー教が基づいているイスラム教の文脈の中では異端的だった。イスラム教の主張によれば、クルアーンは完全にして最終的な神の啓示だからである。にもかかわらずバハーイー教は、自分たちの目的は神を知り、愛することだとだけ宣言している。祈りと断食と瞑想は、この目的のための手段である。バハーイー教徒の目的は、一致というこのシンプルなメッセージを世界に伝えることである。

バハーイー教の創設――シーア派の背景

イスラムの経典は「約束された者」について語っており、18世紀には、シーア派イスラム教徒、シャイフ・アフマド・アル・アフサーイーがシャイヒーと呼ばれる分派を創設し、「約束された者」のために準備をするよう弟子たちに指示した。これは、預言者ムハンマドの後継者が今にも現れるとほのめかしているので、正統的ではなかった。最終的には、これらの弟子の1人で謙遜な学者であるモラ・ホセインが、兄弟と甥と一緒に出発して、シラーズの町（南イラン）で約束された者を探すことにした。シラーズの門の外側で待っていると、緑色のターバンを着けた、見知らぬ人が近づいてきた。そのターバンは、この人、セイイェド・アリ・ムハンマドがムハンマドの子孫であることを示していた。彼はモラ・ホセインに、どのようにして約束された者を識別するのかと尋ねた。ホセインの述べたことはアリ・ムハンマド自身に当てはまり、ホセインは約束された者を見つけたと納得した。アリ・ムハンマドは、こう宣言した。「ああ、私を信じる最初の者よ！　まことに、私は言う、私はバーブ、神の門である」。これは1844年5月22日に起こったことで、バハーイー教の信者はこれを、バーブの宣言として祝う。それは人類の歴史における新しい時代の始まりである。アリ・ムハンマドは18人の人々を励まして、彼をバーブであると信じると宣言させた。この信者たちは「生ける手紙」として任命され、神の新たな日が始まったというニュースを携えて、ペルシア全土に散っていった。後に迫害が起こり、バーブは1850年に処刑された。

アメリカのイリノイ州ウィルメットにあるバハーイー教の礼拝堂。

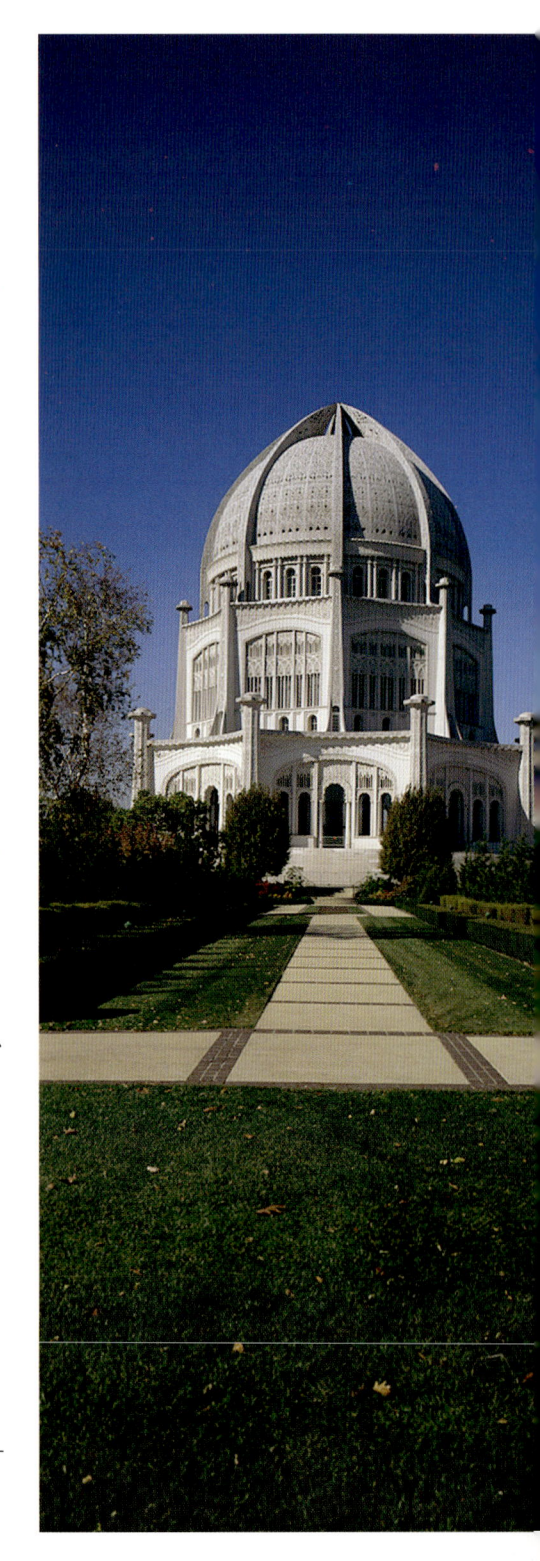

● 参照箇所
イスラム教、86—95頁

バハーウッラーの幻

バーブの処刑後、ペルシアの王の命が狙われ、容疑者として貴族のバハーウッラーが逮捕された。獄中で彼は幻を見たが、バハーイー教ではこれを、イエスに聖霊が鳩のように下ったことや、洞窟にいたムハンマドを天使ガブリエルが訪れたことや、ブッダの悟りと等しいものとしている。バハーウッラーにとって、それは全人類をひとつにする使命とそのための助けとを約束する天女の幻だった。そのため牢獄の幻はバハーイー教の中心である。この幻は神の出現である。本物の暗殺者が逮捕され、バハーウッラーは追放された。この追放によって運動が起こり、弟子たちが魅きつけられてきた。また追放されたがために、この大きくなりつつある運動はオスマン帝国全土にひろがった。これは現在のイラク、シリア、ヨルダン、トルコに当たる。バハーウッラーはこの時代にとって、神のメッセンジャーである。以上のことが、バグダッドのある庭園で宣言された。その庭園はリドヴァン（天国）の園として知られるようになった。

今日のバハーイー教

バハーイー教の礼拝には儀式がない。聖職者も聖礼典もない。日々の祈り、葬儀での祈り、簡素な結婚式が義務づけられている。断食は一般的で、神に近づくための、魂の内なる鍛錬を表現している。簡素と気品に高い価値を置く。バハーイー教は多くの社会的な努力に関わっている。

子供に重点を置く共同体の祝典がある。子供たちは人類が一致するという希望を表している。幾つかある祭礼が、1年の中で区切りをつける。最も重要なのはおそらくリドヴァン（4月21日—5月2日）である。リドヴァンの園で、バハーウッラーが神のメッセンジャーであると宣言されたことを記念するからである。バハーイー教の独自な点の1つは、地方ごとに独自な宗教表現をすることを許可していることで、全世界で共通すべき画一的なものはほとんどない。

バハーイー教の寺院

バハーイー教の寺院はすべて9つの側面があり、完全を象徴している（9は十進法では最大の一桁数字）。寺院には神々の象徴も彫像も絵もなく、説教壇も祭壇もない。世界中の宗教の経典を読んだり唱えたりすることが許されているが、説教が語られることはない。

聖　典

バーブとバハーウッラーの著作は神によるものと見なされている。しかしながら啓示は漸進的に示されると信じられているために、以前に神が出現したときの教え（ブッダ、モーセ、イエス、ムハンマド）も神の啓示と見なされている。クルアーンも聖書も、真正の権威ある文書と考えられている。クルアーンと聖書とは、矛盾しているとは見られていない。なぜなら、神の啓示は、それぞれの時代にふさわしい法と教えとを現していると理解されるからである。もともとイスラム教を背景にしているため、バハーウッラーはクルアーンを頻繁に引用する。それでも丁寧に読むと、バハーウッラーはテキストについて革新的な読み方をしており、多くの箇所でも独創的な読み方をした。

インドのニューデリーにあるバハーイー教のロータス寺院は、アジアで主要な寺院である。その独特な蓮の花の形は、建築分野の賞を獲得した。2,500人を収容し、全宗教の人々に開放されている。多くの観光客を惹きつけており、エッフェル塔やタージ・マハールと観光客の数を競うほどである。

モルモン教

末日聖徒キリスト教会

末日聖徒キリスト教会（ＬＤＳ）の信者、あるいは「モルモン教徒」は、自分たちの運動を回復のためのムーブメントだと考えている。キリストの時代が終わった直後、人間が不従順であったために、キリスト教会の組織が失われてしまったのだが、神はその組織を、その教えや実践とともに回復してくださった。本質において、モルモン教は自らが、唯一の本当のキリスト教会であると主張している。真のキリスト教はイエスの直弟子の最後の者とともに死んだが、1830年にジョゼフ・スミスに与えられた啓示と、それに続くＬＤＳの創設を通して回復されたのだと。

回復のムーブメントとしてモルモン教は、新たな預言者（ジョゼフ・スミス）とその後継者が権威と祭司職を独占すべきであると主張する。モルモン教には「再度開かれた正典」、すなわち権威づけられた核となる著作が幾つかある。これは聖書のほかに、さらに別の書を加えたもので、その中でもモルモン書は最もよく知られた新しい啓示である。

文化と歴史においてはアメリカ的だが、モルモン教は世界中に広がり、ある程度国際化されている。今や1400万人の信者がいるとされている。

モルモン教の創設

1823年、ニューヨーク州西部でジョゼフ・スミス・ジュニア（1803—44年）は、金の板を発見した。話によれば、旧約聖書の預言者たちの時代に、聖地（現在のイスラエルまたはパレスチナ）から北アメリカに移民した人々の歴史を概説したものだという。これにはニーファイ人（モルモン教徒はニーファイ人を古代イスラエルの失われた部族の１つと信じている）の１人で、預言者でもあり戦士でもあったモルモンが記録したものであった。スミスはこれを翻訳し、これがモルモン書になって、1830年に出版された。その後スミスは新しい教会を設立し、人々が加わり始めた。しかしながら多くの迫害が起こって、スミスは1844年に暴徒に殺害された。ブリガム・ヤング（1801—77年）が後を継いだ。もとはニューヨーク州で創設されたが、モルモン教徒は1847年までに西のユタ州ソルトレイクシティに移住した。西へ移動したのは、主に相次ぐ迫害のためだった。

アメリカ化

ユタ州に来て、それなりに社会から隔離されたので、モルモン教徒は幾つかの新しいことを始めた。神権政治（すなわち神による直接統治）と新しい教えが現れ、経済的な自給自足もそれなりに達成され、新たな習慣——よく知られた「複数結婚」（一夫多妻制）など——が始まった。宗教法と市民法の両方においてアメリカの慣例に従うようにという州からの圧力があって、末日聖徒キリスト教会は、これらの新たな試みの幾つかを著しく変更するか、あるいはすっかり放棄することにした。本質的には、「アメリカ化」の経緯を辿ったのである。

核となる信仰と実践

プロテスタントのキリスト教に由来する一方で、モルモン教徒は信仰と実践に関して正統派であると主張しているが、神について三位一体の信仰を受け入れていないため、キリスト教のほとんどの教派から避けられている。３つの特徴が際立っている。男性祭司制、来世観、家族観である。祭司職は男性で、幾つかの階級がある。「長老」（襟章によくそう書いてある）はそれらの職の１つである。救いは全員に開かれているが、天国のどの段階に入れてもらえるかは、地上でどのくらい質が高く純粋な人生を送ったかによって決められる。家族を優先にするべきであって、これは相互に依存し合っていることを示している。子供をたくさん持つことは、神の栄光を現すことになる。ＬＤＳの教会員になるには、モルモン書を聖別されたものとして受け入れ、倫理的な生活を守り、教会に収入の10％を捧げ、指導者を支えなければならない。もしこれらの基準を満たすなら、神殿への出席が許される。

ＬＤＳの教えには、キリストの千年王国の要素が強い。イエス・キリストの再臨は合衆国で起こり、そのとき聖徒たちはキリストと一緒に千年間支配することになる。

左：モルモン教の創設者ジョゼフ・スミスの肖像。
右：アメリカ合衆国ユタ州マンタイの端にある丘の上に立つ、マンタイ・モルモン神殿。有名な年に一度のモルモン教の野外劇が行われる場所。世界には154を超えるモルモン神殿がある。神殿はさまざまな宗教儀式が行われる場所であり、特にエンダウメントの儀式（霊的賜物を与えることを伴う、奉仕への授任式）、結婚式、また死者のための代理人が行うさまざまな儀式が行われる。神殿は毎週礼拝が行われる集会所とは違う。

● 参照箇所
キリスト教、76—85頁

今日のモルモン教

　ＬＤＳの教会員は二人一組で布教活動を行っているので見分けがつく。女性を聖職に授任することは1985年に導入され、男女とも２年の宣教奉仕をしなければならない。これは新しい信者を勧誘するだけでなく、教会に真理があり、預言によって教会が始まったことを「力強く証しすること」も含まれる。さらに欧米のほとんどの都市にはＬＤＳの集会所があって、世界中で同じような建築デザインに従って建てられている。

　指導者層は定期的に争いを起こしてきて、時には分裂が起こり、元の組織と非常に似た名前を持つ分派が生じたこともあった。モルモン教徒の大体半分が現在アメリカにおり、残りの半分が世界のほかの場所にいて、多くはスペイン語を話す南アメリカにいる。

　モルモン教徒は政府、遺伝子研究者、歴史家から、ある種の好意を得てきた。彼らが家系の膨大なデータベースを築いてきたからである。これは死者のために祈るというモルモン教の宗教行為のためだが、遺伝形質を評価したり家系を辿ったりするためには、価値のある世界規模の道具である。

　ユタ州にあるブリガム・ヤング大学は一般の研究だけでなく、モルモン教の研究においても中心である。マサチューセッツ州知事（2003—07年）で、2012年に合衆国大統領選で共和党候補者だったミット・ロムニーはモルモン教徒である。

ＬＤＳの書物
　ＬＤＳは次の聖典を大切にしている。

■旧約聖書と新約聖書

■イエス・キリストについてのもう１つの証しという副題がついているモルモン書──モルモンによって板の上に書かれ、ジョゼフ・スミスによって翻訳された。

■教義と聖約──預言者ジョゼフ・スミスが1831年11月１日にオハイオ州ハイラムで、長老たちと会議をしているときに受け取った特別な啓示。

■高価な真珠──ジョゼフ・スミスの著作選集で、1851年に最初にまとめられた。

ペイガニズム

新しい時代の古代宗教

「ペイガン（pagan）」という言葉はラテン語の paganus に由来し、「村に住む人」という意味がある。Paganus もまた、「田舎」を意味する pagus という言葉から派生した。転じて、その言葉は、そもそも1世紀の初期キリスト教徒が「キリスト教徒でない人」を意味するために使っていた。というのは、キリスト教は全体として、地中海周辺の都市を中心にした運動だったからである。残念ながら、その言葉はそれから否定的な言葉へと転化し、「未開の」や、あるいは「悪魔的な」までも意味するようになった。

今日、「ペイガン」という言葉は、自然を崇拝するたくさんの宗教運動を一括りにまとめるために使われる。これらの運動の信者は「ペイガン」や「ペイガニズム」という称号に違和感を持たない。ペイガニズムは、ますます公認宗教と見なされるようになってきて、もはや貧弱な定義の形容詞ではない。

核となる信仰

ペイガニズムは次の問い掛けに対する答えを探している。

■ どのように地球と関わるべきか。
■ どのように他の人類と関わるべきか。
■ どのように神性と関わるべきか。

これらの問い掛けが意味していることは、人の地球との関係、お互い同士の関係、神性との関係が、幾らかまっすぐになっていないということである。手短にいえば、ペイガンならこれらの問い掛けに対して、次のように答えるだろう。

1. われわれは自然とは親戚関係にあるような愛情をもって、地球に関わります。生命の力を尊び、また自然の中にある、死と再生という永遠に新生し続ける循環を尊びます。自然のリズムの中に、人間の命が緊密に織り込まれていることを認めます。
2. われわれは肯定的な倫理をもって、他の人類と関わります。各人には、他の人や世界と調和しながら、自分自身の本当の性質を見出す責任があります。寛容で、多様で、思いやりのある社会が必要です。モットーは、「誰をも傷つけないかぎりは、自分のしたいことをせよ」です。
3. われわれは性差を超越している神性の存在を認めます。神格には、男性と女性という両方の側面があります。それゆえに、女神の存在を認め、しばしば自然を女性と見なします。神の性質について、あれこれ思案することに反対します。一般的にいって、命はすべて聖なるものである、とペイガンは信じています。同様に、自然はすべて聖なるものであると信じています。にもかかわらず、ペイガンにとって重要な特定の時期と場所とがあります。

月と太陽の周期
月と太陽の周期は重要である。例えば、夏至と冬至、春分と秋分、新月と満月である。月の周期は繁殖と結びつけられてきた。このようにペイガニズム全体を通して、女性のモチーフが強い。フェミニズムと環境フェミニズムが、男性優位の世界を覆し、唯一神（たいてい男性）を標榜する諸宗教を覆している。

右：イギリスはサセックス州ウィルミントンにある巨人像（ロング・マン）の近くで、白い魔女が、ペイガニズムの儀式を執り行っている。

> ● 参照箇所
> ニューエイジ運動と秘儀、
> 118—119頁

ストーンヘンジ

　イングランドのウィルトシャーにあるストーンヘンジは、おそらく8回の段階を経て建造された（回数は、考古学者が証拠をどのように解釈するかによる）。しかし現在の形になったのは、おそらく前3000年頃と推定されている。この遺跡の意味をめぐっては論争が続いているが、一般に同意されている見解によれば、この環状列石は、天文学・占星術、治療、儀式的な犠牲、埋葬といった、何かしらの目的に使われていたということである。アーサー王伝説にまつわるさまざまな要素も、この遺跡に結びつけられてきた。今では、ただ観光客が大勢訪れるために、ストーンヘンジは厳しく管理されているが、新ペイガニズムの季節祭（冬至や夏至、春分や秋分）とドルイド教の儀式を、この遺跡で行うことは許可されている。

ペイガニズムは何でないのか

　ペイガニズムは原始宗教や、土着の宗教と混同すべきではない。この二者には、共通点が幾つもあるが、一般に現代のペイガニズムは欧米の運動であって、多くの異なる典拠から影響を受けている。さらに、ペイガニズムは悪魔崇拝ではない。このような考え方は、ペイガンも嫌っている。実際に、ペイガニズムの世界観の中には、悪魔は登場しない。ペイガンは指摘するであろうが、悪魔を世界観の中に入れているのは、キリスト教徒である。本物の悪魔崇拝者は、キリスト教の思想をこねくり回す傾向がある。歴史の中で、ペイガニズムと悪魔崇拝が結びつけられてしまったのは、paganusという言葉が「非キリスト教徒」と関連しているからである。そして中世の間、「非キリスト教徒」のものは、しばしば悪魔のものだと見なされていた。こうして、ペイガンは悪魔崇拝者と見なされるようになってしまったのである。魔女が戯画化されたり、さまざまな陰謀説が唱えられたり、「ペイガン」や「悪魔」という言葉を、よく知りもせずに使ったりするものだから、こうした混同がますますひどくなっている。

ペイガニズムにおける神々

　ペイガニズムでは、神格を容易に認めるが（例えば、ピクシー、グリーンマン、妖精）、神々は宇宙的な闘争をしてはおらず、闇と光とが対置されることもなければ、善と悪とが対置されることもない。しかし均衡・一致・調和は求められている。ペイガニズムは汎神論（あらゆるものは神性を備えている）、あるいは万有内在神論（子宮の中にいる胎児のように、世界は神性の内側にある）の立場をとる。

ペイガンとは誰か

　ペイガニズムには、孤立した信者や私的な信者が多く含まれている。にもかかわらず、そこには何らかの秩序や組織がある。3つの教派が顕著であり（そして共通点もたくさんあり）、たくさんの組織化された教団や共同体が存在する。

- ウィッカ──「古い宗教」、魔法、呪術的技術（craft）である。
- ドルイド教──イングランドとアイルランドの古代の伝統に由来し、部分的にはケルト人の影響も受けている。イギリスの慈善委員会によって、ドルイド教は宗教として認められている。
- 異教崇拝──アングロサクソン人、古代ノルウェー人、ゲルマン人の民間伝承を現代に再現したものである。

　礼拝や儀式の形式は著しく多様だが、たいていは季節や聖なる場所と関連がある。

ポストモダン

宗教への挑戦

20世紀の間に、重要な思想に関して、世界は大きな転換を経験した。最大の転換の1つがモダン（近代主義）からポストモダンへの転換である。これは単に欧米の現象にとどまらない。グローバル化が進むにつれて、局地化（あるいは部族主義）も進んだ。これらの転換は私たち全体に影響している。

モダン対ポストモダン

モダンは欧米の思想で、植民地政策・戦争・メディアを通して、世界の大半に影響を及ぼすようになった。社会基盤は堅固だった。今日の現実と明日の機会とは、神と科学とについての信頼できる、そして一致した前提の上にも基礎を置いてきた。また頼れる国家憲法と政府の上にも掛かっていた。しかし20世紀の半ばから21世紀初頭にかけて、こうした考え方が崩れてきて、必ずしも「最良の」何かがあるとはかぎらないということを受け入れるようになった。私たちは今「ポスト」モダン、あるいはモダン以降の時代にいる。これらの古い西洋文明の固い基盤は、再び吟味されつつあり、幾つかの事例においては、その妥当性が疑問視されている。

「大きな物語」とは、文化を定義する大きな物語や思想のことである。モダンは、ユダヤ・キリスト教によって定義され、科学で表面を飾られた「大きな物語」である。理性が、知識や学習を定義する手段だった。ポストモダンにおいては、こうしたことが崩壊しつつある。技術が簡単に利用できるということは、──インターネットが明らかな例だが──誰でも膨大な量の情報を利用できるという意味である。私たちは、消費者としての数限りない選択と数限りない諸宗教とに直面している。このように、世界中の諸宗教が今すぐ隣に、あるいはワンクリック先にある。したがって、芸術・政治・言語──（宗教も含む）あらゆるもの──が利用できるし、その妥当性を問うこともできる。誰の物語であっても、今や、同じように有効であり、権威がある。

ポストモダンの鍵となる思想

『信仰への手短なガイド』（2001年）の中で、学者リンダ・エドワーズはポストモダンの主な観念を箇条書きにしている。

1. 客観性と論理は信頼することができない。あるものが文脈にうまくはまるかどうかで、真理が判断される。ゆえに宗教書も、その妥当性を問われる。
2. 専門家の教師は信用すべきではない。権威のある宗教の教師も、それが説教者であれ著作家であれ、疑問視すべきである。
3. 絶対的な真理というものは存在せず、個人的な真理だけがある。個人的な真理はすべて、その置かれた文脈に関わっている。
4. 伝統はもはや重要ではない。なぜなら伝統の記録の多くには、多くの人間の経験、特に女性と少数派との経験が欠けているからである。歴史上の出来事はいつも、独特な文脈の中で起こっていたはずである。
5. 今や言葉の真の意味を討論してもよい。著者の言葉は、著者が意図したのとは異なった仕方で「聴かれる」こともある。実際に、著者はある人に対して、ある特定の意味だけを意図して伝えられるだろうか。文書は、絶え間ない変化の中に置かれている。意味を決めるのは読者であって、著者ではない。
6. 学問の世界だけが、新たな知識が生み出される場所であるとはかぎらない。例えば、神学を研究することは、教会を支配する専従者という特権階級を作り出すための方法にすぎないと見られている。

● 参照箇所
ニューエイジ運動と秘儀。
118—119頁

映画「マトリックス」三部作は、洗練された技術という文脈の中で、多くの異なる宗教からテーマを引っぱってくることによって、ポストモダンの問いを探究した。

ポストモダン時代の宗教

モダンとポストモダンとは、一見したところ欧米に特有のものに見えるが、この転換は全世界にも影響を与えている。新しい霊性が東洋の情報源からこっそりと取り入れられて、大規模な宗教混交が、今や可能となっている。

1. ポストモダンの時代には、東洋の宗教が欧米に到来しつつある（例えば、仏教やアジアの新しい諸宗教）。そして、欧米のキリスト教はアジアとアフリカに到達した。例えば、韓国の諸教会は欧米の技術を取り入れ、繁栄の神学（物質的な富は神の意思であるという、議論のあるキリスト教の教義）はアメリカからウガンダに向けて発信された。

2. 宗教の「東洋化」はポストモダンの特徴である。欧米のキリスト教は、東洋思想を吸収している。例えば、トマス・マートンとパウル・ティリッヒの著作に、そのことを見ることができる。同様にユダヤ教では、ザルマン・シャクター・シャロミの著書にそのことが見られる。

3. 宗教はハイブリッドになりつつある。多くの混合が進んでいて、公式には、例えば新宗教運動として、非公式には、個人のレベルでも、混合が起こっている。今や「両方の団体に所属すること」が可能である。例えば、ユダヤ教徒であると同時に仏教徒——JuBu——であることができる。

4. ポストモダンの宗教は、公認されている教えから離れていく特徴がある。ホロコーストが起きたときは、神は本当に存在するのかということで、ユダヤ教の中で再検討がなされた。仏教では、患難についての重要な教えが再考されている。キリスト教における奇蹟は、疑問視されているところである。

5. 霊性が強調されたり、命や自然を聖なるものとして評価したりすることも、ポストモダンの宗教思想の特徴である。多くの人は、霊性について実験をするだけで満足し、宗教に入信しようとはしない。正式な宗教に入信しなくても、新しい個人のアイデンティティーは確立しうる。環境運動もフェミニズムも、霊性という観点から作り直されている。ガイア〔ギリシア神話の大地の女神〕は、地球を女性として表現したものである。

6. 宗教は商品である。消費主義やメディアの力や市場のイデオロギーは、世界中の多くのものを、単なる製品にしてしまった。宗教は「買う」ことができる。儀式、宗教的な物、宗教の経験は、買ったり、売ったりすることができる。

無神論、世俗主義、不信仰

神は必要ない

世界の宗教について語る本の中に、無神論やそれに関連したさまざまな思想について扱う章が含まれているのは、奇妙に見えるかもしれない。しかし、これらの思想はしばしば「非宗教的」な立場を採る。言い換えるならば、これらの思想は宗教に敵対することによって、自らを定義している。これはつまり、実際には宗教が論点なのだということを、暗黙のうちに認めているのである。

無神論

無神論は「神はいない」と論じる。これは、いかなる神も、いかなる霊的な存在も信じないということである。無神論者は神の意思に訴えて、天地万物が存在する理由を説明してほしいとは言わない。さらに、無神論者の信じるところによれば、神や聖典に頼らなくても、生きるための倫理基準は考案しうるということである。欧米諸国で行われた統計の数字によると、無宗教的な信仰について、どちらの意味にも取れる結果がたくさん出てきた。ある意味で、無神論はキリスト教に敵対することによって発展してきた。したがって、無神論はキリスト教の神に対する不信仰である。しかし、「宗教的」でありながら、同時に無神論者であることは可能である。仏教徒はよい例である。ブッダ自身が不可知論者で、唯一の究極的な神の存在について曖昧な態度をとり、深く関わろうとはしなかった。神について思索を巡らすのは無意味だ、と仏教徒なら論じるかもしれない。

無神論者の議論によれば、この世界のあらゆるものは、科学によって満足のいくほど説明しうるのだから、神を持ち出して説明の一部とする必要はない、したがって神が存在するといっても何の意味もない。

世俗主義

無神論者の多くは世俗主義者でもあり、宗教が特別扱いされるなら、どんな場合にも抵抗する。世俗主義者の信じるところでは、例えば、学校では祈りがあってはならないし、公の基金は、いかなる宗教も支援するべきではない。人類のためのよりよい未来は教育にある、と世俗主義者は指摘し、宗教団体に支援されている学校には反対する。すべての人とすべての宗教とは、法の前に平等であるべきだ、と。

多くの世俗主義者が無神論者である一方で、幾らかの世俗主義者は宗教の信者でもある。信仰それ自体は、特別な扱いを受ける理由、例えば政治的な特権を与えられるための理由とはならない、と世俗主義者は考えている。19世紀に、世俗主義は勢いづいた。イギリスにおいて、英国国教会が享受していた特権階級のような地位をあからさまに攻撃したときである。宗教とは個人的な事柄であって、自分の家の中だけにとどめるべきであり、また国家は宗教に関して、いかなる意見も政策も持つべきではない、と考える世俗主義者もいる。それゆえに、感謝祭、クリスマス、イースターのようなよく知られたキリスト教の祭礼はますます世俗化され、どんな信仰を持つ人でも、あるいはまったく信仰を持っていない人でも、普通にこれらの祝日を祝っている。

クリスマス

クリスマスというキリスト教の祭礼は、イエス・キリストの誕生を祝うはずであったのに、多くの点で世俗的になってしまった。サンタクロースは本来、キリスト教徒の聖ニコラオスに由来するが、今やコカコーラ・カンパニーの肖像となり、クリスマスの主役としてイエス・キリストに取って代わった。アメリカ合衆国憲法では、教会と政府とを厳格に分離しているが、これは世俗主義のもう1つの例である。公立学校では、在校時に声を出して祈ることは許可されていない。欧米の教育では、進化論が教えられているが、これは世俗主義のもう1つの例として挙げられることがある。もし進化論に代わる説明として、宇宙創造の可能性が排除されているならば、特にそうである。

２つの重要な質問

1. なぜ人々は神を信じないのか、あるいは宗教の信者にならないのか。
- ある特定の宗教を支持することを正当化できるほど十分な、動かし難い証拠がないと考えているから。
- 自分にとっては、宗教は何の意味もないから。
- ある宗教によって傷つけられた経験があるから。
- 単に、宗教を信じない文化の中に暮らしていて、その文化を受け入れているから。
- 興味の持てる宗教がないから。
- 宗教や神がなくても、十分によく生きていけると考えているから。つまり、宗教は意味がないから。
- 宗教の名の下に、世界中で多くの害悪がなされてきた、と考えられるから。
- 世界は悪い場所なので、神はいられないと信じているから。

2. 無神論者と世俗主義者とは、宗教に何かよいところがあると考えているか。
- 宗教は世界に美しい芸術と音楽とをもたらした、と評価する者が多い。
- 偉大な宗教の物語の幾つかを認めて、評価している。
- 宗教の名の下に、多くの慈善活動が行われていることを認めている。
- 世界宗教の経典は、文化的に非常に価値があると考えている。出典が何であれ、倫理的な教えは優れている。
- 多くの「世俗の」格言は、世界の宗教の教えから来ていることに気づいている。
- 宗教が共同体を尊重し、地球規模の一致を促進することを認めている。

心理学としての宗教

宗教とは、私たちの頭脳が構成した概念なのか。私たちは人生において、ただ単に好ましい父親像を必要としているだけで、それによって恐ろしい世界から守ってもらおうとしているだけなのか。ただ単に、意味と目的とを与えてくれる何者かを必要としているだけなのか。たぶん私たちは心理的な必要に迫られているので、死は終わりではない、それゆえに現世の人生には本当に意味があるのだ、ということを確信したがっているのではないか。生来、私たちは怖がるものだから、誰か面倒を見てくれる人が必要なのではないか。あるいは宗教は、人間の心理から生まれた単なる副産物以上のものであるのか。

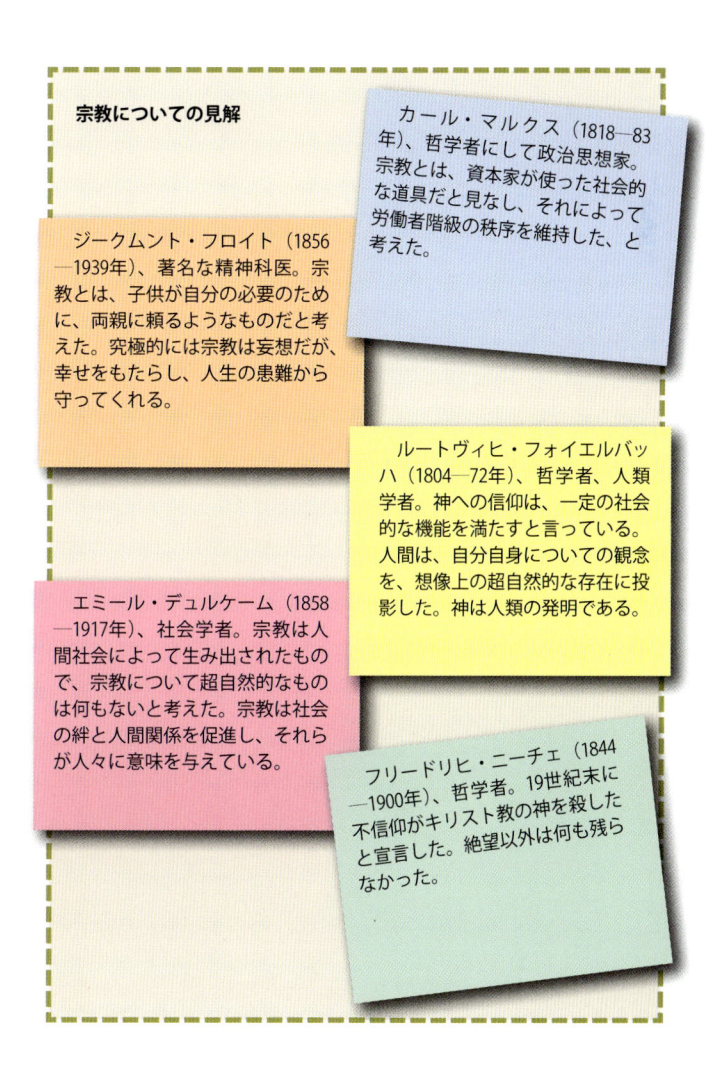

宗教についての見解

カール・マルクス（1818—83年）、哲学者にして政治思想家。宗教とは、資本家が使った社会的な道具だと見なし、それによって労働者階級の秩序を維持した、と考えた。

ジークムント・フロイト（1856—1939年）、著名な精神科医。宗教とは、子供が自分の必要のために、両親に頼るようなものだと考えた。究極的には宗教は妄想だが、幸せをもたらし、人生の患難から守ってくれる。

ルートヴィヒ・フォイエルバッハ（1804—72年）、哲学者、人類学者。神への信仰は、一定の社会的な機能を満たすと言っている。人間は、自分自身についての観念を、想像上の超自然的な存在に投影した。神は人類の発明である。

エミール・デュルケーム（1858—1917年）、社会学者。宗教は人間社会によって生み出されたもので、宗教について超自然的なものは何もないと考えた。宗教は社会の絆と人間関係を促進し、それらが人々に意味を与えている。

フリードリヒ・ニーチェ（1844—1900年）、哲学者。19世紀末に不信仰がキリスト教の神を殺したと宣言した。絶望以外は何も残らなかった。

リバイバルと刷新運動

新宗教運動

「カルト」や「分派」に代わる言葉として、「新宗教運動（New Religious Movement）」（NRM）という用語が20世紀の後半に考案された。さまざまな新宗教の伝統で、「運動」であると十分に見なせるほど重要なものを「新宗教運動」という用語で表す。

しかし、新宗教運動は何もないところから生まれることは、めったにない。本書の中で学んだ集団の幾つかは、新宗教運動であるということができる。主流の宗教の中で失われてしまったと感じられる何ものかを、この集団が刷新しようとしているからである。イスラム教シーア派から出たバハーイー教や、キリスト教から出たモルモン教は、この例に当たる。キリスト教やシク教のように、古くからあって、今では制度も整っている宗教でさえ、「刷新」運動であると理解することもできる。例えば、ユダヤ教からキリスト教が出て、ヒンドゥー教からシク教が出て、仏教さえもバラモン教から出ている。刷新運動でさえ、最終的には制度化されてしまうことが見て取れる。ここからわかるように、今日の新宗教運動も、やがては主流派となり、制度の整った宗教になって終わるかもしれない。

新宗教運動をどう分類するか

新宗教運動について語るとき、どのような用語を用いるかによって、問題が起こることがありうる。「カルト」という言葉には、「間違っている」や「危険な」という言外の意味がある。「分派」は「カルト」よりは不快な言葉ではない。「分派」とは、ある宗教の中における、新しい組織ないしは制度の現れと見ることができる。ペンテコステ派は当初は（1900年代）、分派と見なされていたが、今ではキリスト教の教派の1つとして受け入れられている。創価学会は日本の仏教の分派だが、イギリスではカルトだと見なされうる。エホバの証人は、欧米ではキリスト教の周縁にある分派と見なされるかもしれないが、中国ではカルトと見なされる。これらを「少数派の宗教」あるいは単に「異端」、すなわち、それらが生まれた主流派から外れた信仰と呼ぶ人もいるだろう。

なぜ新宗教運動が始まるのか

新宗教運動が生まれる理由は複雑だが、新宗教運動はモダンとポストモダンとの間の緊張関係から生まれた産物だと見なすことができよう。世俗主義、つまり宗教と国家とを分離したままにしておこうというのも、この緊張関係に対する1つの反応である。もう1つの反応は、原理主義である。これは、急速な世界規模の変化によってもたらされた圧倒的な圧力と、脅威と思われるものとに対抗するために、ある宗教の中にある「原理的なもの」へと回帰することである。ある新宗教運動が原理主義の運動である一方で、他の新宗教運動は、何も生み出さないと感じられる世俗主義に対する反応である。ここには、生活のすべてをもう一度神聖なものにしたい、という切実な願いがある。新宗教運動の幾つかは、特別な人物が主張しているビジョンや、そうした人々による聖典の再解釈から生まれている。

新宗教運動の共通点

1. 信仰、儀式、共同体の流儀に関して、新宗教運動は主流派から外れている。
2. 新宗教運動は、土着の文化から、すなわち自らが創始された文化の中から、改宗者を集める。人々は自ら選び取って新宗教に加わる。習慣や文化のゆえに加わるのではない。やがて新宗教運動が次の世代に入ると、この力学は変化し、子供たちは新宗教運動の中で生まれることになろう。
3. しばしば新宗教運動は、カリスマ的な指導者の周りにできる。この創始者はたいてい、人生の指南役である。それゆえに、創始者の遺産は何らか儀式によって受け継がれていく。最終的には、このカリスマ的な指導者の言葉や教えは、経典の核になる。これは「新しい啓示」であると主張されたり、既存の宗教的な文献の隙間を埋めるものであるといわれたりする。
4. 新宗教運動は、しばしば将来を予言する。たいてい新宗教運動は自らを、人間の意識や歴史において、新しい時代の到来を告げ知らせていると見なす。実際に新しい時代をもたらす場合もあれば、新しい時代が差し迫っていると予告する場合もある。幾つかの悲惨な事例では、希望していた黙示が実現しなかったために、新宗教の全員が自殺してしまった。ジム・ジョーンズを指導者とする人民寺院は、よく知られた例である。1978年に919人の信者がガイアナのジョーンズタウンで死亡しているのが発見された。集団自殺の犠牲者だった。
5. 新宗教運動は、この世の欠陥と思われるものから救い出されるための新しい方法を提供するだろう。この新しい救いは、創始者の人格と教えに関わっていることが多い。

左：ポーランドのウッチ市にあるアトラス・アリーナで集団洗礼を行うエホバの証人。中央：ジャマイカのラスタファリ運動の信者。右：モスクワのハレ・クリシュナ教徒。

新宗教運動をどのように分類すべきか

　新宗教運動は、3つある範疇のうちの1つに割り当てることができる。だが実際には、どの新宗教運動にも、この3つの特徴のすべてがあるだろう。

　1. この世的なものを包摂し、人をよりよい市民にする、あるいはこの世界でよく生きていくために、よりよい備えをさせると主張する新宗教。例えば、超越瞑想、人間性回復運動、自己啓発のトレーニング、シルバメソッド、サイエントロジーがこれに当たる。

　2. 世界を拒絶、あるいは放棄する新宗教。これらの集団は孤立し、閉じた共同体になる傾向がある。例えば、世界基督教統一神霊協会（統一協会）、ISKCON（ハレ・クリシュナ）、神の子供たち（ファミリー・インターナショナル）と人民寺院がこれに当たる。

　3. 早々に主流派に加わり、優勢な文化の特徴を採用する新宗教。例えば、ペンテコステ派やカリスマ運動（双方ともキリスト教の中で起こった）。

新宗教運動の例とそれらの出所となった宗教

　新宗教運動という名前を聞いたときは、それぞれの宗教に独特な「新しさ」を念頭に置くのが賢明だろう。その際には、その新宗教の出所となった宗教との関係を考慮に入れて、その新宗教を分類するのがよい。現実には、ほとんどが新宗教と出所の宗教とが混ざり合ったものであり、幾つかの新宗教は複数の宗教から教えを受けている（そして他の範疇に分類されうる）。

キリスト教の教えを受けた新宗教運動	ヒンドゥー教の教えを受けた新宗教運動	仏教の教えを受けた新宗教運動
■エホバの証人 ■統一協会	■ISKCON（ハレ・クリシュナ） ■サティヤ・サイ・ババ	■創価学会（日本。人道主義との混合） ■法輪功（ファルンゴン）（中国。道教との混合） ■西洋仏教兄弟団（トリラトナ）

サイエントロジー

　サイエントロジーは、自助を旨とする準宗教的な運動で、1952年にL・ロン・ハバード（左）によって創始された。信仰とダイアネティックスと呼ばれる実践とを組み合わせつつ、サイエントロジーは、すべての人々は不滅なのに、この真の性質を忘れてしまったのだという信仰の上に築かれている。「オーディティング」（カウンセリングのようなもの）を受けながら、人々は過去の人生の中で受けたトラウマから回復され、真の霊的な性質へと解放される。サイエントロジーが多くの注目を浴びたのは、それが科学であると主張したからである。また、税金の納税に関して問題があったことや、トム・クルーズのような有名人が加入したことでも注目を浴びた。

ニューエイジ運動と秘儀

生活をもう一度神聖なものにする

1970年代から1980年代の間に、秘儀的な運動の多くが、いつしか欧米のメディアで「ニューエイジ運動」として分類されるようになっていた。「秘儀的な」という言葉は、「特別な知識を持つ、選ばれた少数の人々によって理解される、私的な、秘密の、門外不出の、秘儀を授けられた者だけに明らかにされることを意図した」という意味である。これはおそらく、正式な宗教というよりむしろ、世界観である。

これらは新宗教運動（NRM）ではないが、さまざまな物事に見られる普通の刺激を集積したものである。そのような物事は多様であり、環境主義・ホリスティック医学・フェミニズム・自助努力・魔術・アストラル投射・占星術・タロットカード・水晶・霊媒・心霊療法などがある。欧米でのやり方には、東洋の要素が混ぜ合わされている。例えば、瞑想・転生・ヨガ・禅・カルマである。幾つかのNRMは、「ニューエイジ」として分類されている。信仰と儀式とが、ニューエイジと重なっているからである。

ニューエイジは正式な宗教運動か

ニューエイジのある流派に実際に改宗することは、たいてい要求されない。したがって献身者や信者の数を把握するのは難しい。流派によっては、組織や制度を整えて、自らの形態を作り出したが、他の流派は、固定しておらず、流動的なままである。時には秘蹟を授ける儀式があるが、たいてい献身者は孤立しているか、緩い繋がりがあるだけである。核となる正典はなく（膨大な量の書物が出版されてはいるが）、創始者もいない（たくさんのグルや霊能者や著者はいるが）。ニューエイジは組織化や制度化されているというよりも、多様であり、人間関係の中に生かされ、ネットワークのように繋がっている。ニューエイジは欧米文化の中で、特に影響力を増している。

ニューエイジの信仰

ニューエイジは、すべての宗教を典拠としている。ニューエイジは、さまざまな宗教の要素を混合し、組み合わせ、統合し、創案し、新しい方法を作り出す。組織化された宗教の外にあって、ニューエイジは霊的な探求を象徴している。霊的な全体性は、自分の中にある霊的な力を認識し、また活用することによって見出される。地球という惑星が、宗教的に変革されなければならないという新たな段階に到達した、とニューエイジは認識している。地球は今、変革されつつあるか、あるいは今にも変革されようとしている。この変革は、人間に備わっている神のような可能性と関係がある。この可能性によって、全体性、癒やし、より高い意識へと到達できる。そのための道具は、役に立ちそうならばどこからでも持ってこられる。例えば、太古の書物、大自然での経験、同じような考え方を持つ人々との交流などである。

ニューエイジの信奉者が舞台芸術を使って、共同体を祝っている。ここで人々は、制度化された宗教の主な規制から逃れて、一緒に霊的な旅を探求しようとしている。

参照箇所
シャーマニズム、26—27頁
アンデスの人々、32—33頁
ペイガニズム、110—111頁
ポストモダン、112—113頁

上：日の出を浴びるメディスン・ホイール。背景はアメリカ合衆国アリゾナ州にあるレッドロック・シークレット・マウンテン自然保護区。メディスン・ホイールには、たくさんの象徴があり、瞑想の道具として使われる。

メルボルン精神・肉体・霊魂の祭典訪問──著者の個人的な体験談

私は、メルボルン精神・肉体・霊魂の祭典に行ってきました。展示会場には194のブースがあり、49人の霊能者が、タロット・水晶玉・手相占いの技術を使いながら、人々の運勢を見ていました。3日間の間にできるだけ多くのブースを見て回り、次のようなことを観察しました。

- 一元論、つまり「すべてはひとつである」という思想が、支配的な考え方のようです。
- 宇宙のエネルギーが、あらゆるものに浸透しています。
- 個人に働く力は、チャクラを通して人に入ることができます。チャクラとは、背筋に沿って並ぶ7つのエネルギーのポイントのことです。
- 精神を弛緩させてから、再び集中させるための手段として瞑想を捉えるのが一般的です。
- さまざまな霊的教師がいましたが、非凡な洞察力・知恵・エネルギーを身につけている、神のような人はいません。
- 真理は重要ではないようでした。人々は、自分自身の意義を見出すことのほうに興味を持っていて、「真理とは何か」を問うことには興味がありませんでした。
- 霊的な体験が重要です。
- 昇天を期待しています。古代の教師たちが「昇天」したのだから、私たちにもできる、と。
- 祭典全体に、商売の雰囲気が漂っていました。会場の配置図は、スーパーマーケットのようでした。私は多くのものに出費するように期待されていたようです。例えば、書籍、マッサージ、癒やしの講習会、講演会などです。

ジェームズ・レッドフィールドの11の洞察

作家ジェームズ・レッドフィールドは、多くのニューエイジの思想と実践とを代表している。レッドフィールドの三部作、『聖なる予言』『第十の予言』『第十一の予言──シャンバラの秘密』（バンタム出版。1994－2000年）はすべてベストセラーになった。この三部作において、ニューエイジの多くの信者が共有しているといえそうな「洞察」がだいたい集められ、要約されている。

1. 批評する力のある集団──人類に、新しい啓示の光が与えられた。この光は、批評する力のある集団に基づいている。この人々は、霊的な旅を始めている。
2. より長くなった今という時──より全体的で包括的な世界観が、前時代の古くて世俗的な、また科学技術を偏重した在り方に取って代わろうとしている。この新しい世界観では、目的、可能性、根本的な現実に関心を寄せる。
3. エネルギーの問題──宇宙は物質ではない。エネルギーでできている。エネルギーは導いたり、投射したりできるので、偶然の一致ということがより豊かに流れるように起こる。
4. 権力のための闘争──人間は支配したいという欲求によって傷つけられる。権力はたいてい他者を傷つける。
5. 神秘主義からのメッセージ──昔の神秘家や預言者は、私たちに語って、自分の内にある神的な力と結びつくようにと教えた。そうすることによって、この有害な力によって消耗しないためである。
6. 過去を清算すること──この内なる神のエネルギーと人間が結びつくと、いろいろと失敗して、他の人からエネルギーを奪い取ってきたという自覚が大きくなる。
7. 流れに乗る──自分個人の使命を果たしているうちに、疑問が生じてくる。この疑問がまた神秘の道へと導く。その際には、他の人から知恵を受ける。
8. 人間相互間の倫理──他の人を助けるとき、それは、私たち自身の人生の中にも同時に、成長する機会を増やしてくれる。
9. 現れてくる文化──もし、このすべてが起こるなら、人類は霊性の道を前進することになるだろう。私たちは作り替えられ、生と死との輪廻から逃れ出て、永遠と一体になるだろう。
10. ビジョンを持つこと──それゆえ人々は一致して、霊的なビジョンを掲げ、それを保持しなければならない。このビジョンこそ、人類が常に無意識のうちに探求してきたものであった。
11. 祈りの領域を拡大すること──人類がますます、祈り・積極思考・信仰に頼るとき、一致して共通の霊的なビジョンを持つようになるだろう。

119

原理主義

極端な宗教

20世紀末以降、「宗教原理主義」の台頭が目覚ましくなった。アメリカを標的にした9・11（2001年）の攻撃の後、宗教「原理主義」は、しばしば否定的な見方で描かれ、現代社会において最も脅威となる力の1つと見られてきた。多くの人々が「原理主義者」をイスラム教の「テロリスト」と同一視している。しかしこれほど真理から離れているものはない。実際問題として、原理主義は、多くの宗教にわたって見られる幅広い動向であり、決して、すべてのイスラム教徒が原理主義者でもなければテロリストでもないのは確かである。

世界市場への反応

21世紀の世界は、かつてよりも「小さく」なった。世界は広大な世界市場であり、思想と消費財の坩堝である。18—20世紀の間に植民地政策によって搾取された結果、自分自身の宗教や民族について周縁に追いやられたと感じている人もいる。ある部分において、原理主義とは世俗主義やリベラリズムという脅威に対する1つの反応である。新しい思想に向かって心を開くよりむしろ、原理主義は、狭い枠組みの中に思想を圧縮した。外側からの脅威にさらされていると感じたとき、人々は自分の信仰と儀式とを守りたいと願った。葛藤し、疲弊した宗教の信者は無力感に陥る。そこで信者は自分特有のアイデンティティーを保持したくなる。さらに、これはしばしば信者が体験した偏見と、迫害を受けているという感覚とへの反応であるときもある。

北アイルランドのベルファスト市にある中絶を行う診療所の前で、中絶に反対する抗議者がデモをしている。このようなデモに参加する人々は、キリスト教によって「原理主義者」と解釈されて報道される。

「原理主義（根本主義）」の出現

「原理主義」という用語は20世紀初頭のカリフォルニアで、プロテスタントのキリスト教徒の実業家であるミルトン・スチュアートとライマン・スチュアートとによって初めて作り出された。この男性たちは、自らの周辺の社会で、社会的かつ政治的リベラリズムが興隆しつつあるのを感じ、それに関心を抱いていた。このリベラリズムは、キリスト教自体の中でも優勢になっていた。この考え方は、信仰と道徳との両方を脅かしている、と2人は信じた。2人の関心は、キリスト教信仰の中心となる教義——あるいはその「原理的なもの」——を、自分が理解しているように言い直すことにあった。特に、キリスト教の聖書を文字どおりに解釈すべきであるという信仰を2人は支持した。

結果として、2人は資金を提供して、まさにこの目的のために、たくさんの小冊子を出版した。これらの小冊子は数が増えて、かなりの量の論文集になった。これらはまとめて『原理（The Fundamentals）』と呼ばれ、1910年から出版された。しかし「原理主義」という言葉は、この最初の文脈を超えて遙かに広く流布し、新しい意味を帯びていった。この言葉は今や、過激主義、好戦性、墨守、保守主義、政治的・宗教的僭越、国粋主義、世俗主義、右翼政策、不寛容、そして先述したようにテロリズムとの関連で使われることが多い。

世界宗教の中の原理主義

今日、より広い意味でいう宗教原理主義は、その古代の聖経典に訴えることによって、宗教の「本質」を見出そうとしている。この「本質」は、しばしば「よその人」に適用される。よその人とは、理解されていない人であり、その生活様式も政治的な信条も、原理主義者が解釈したところの聖経典から見れば受け入れがたい人である。原理主義というレッテルが貼り付けられるのは、他の人に自分の見解を押しつけようとし、そのために容易に他の人が劣等感を感じるようにさせ、そしてその人を追い払ってしまうような人である。

アメリカ合衆国のニューヨーク市にある世界貿易センターにしかけられた9・11の攻撃は、大惨事を招いた。

「原理主義」は宗教をまたがる用語である

　原理主義はイスラム教・キリスト教・ヒンドゥー教・仏教・シク教の思想の中に姿を現している。実に、ほとんどの宗教の中に現れている。その中にはニューエイジ運動や無神論さえも含まれる。原理主義は世界の大舞台に出現することもありうるし（9・11の攻撃と、それに続いて起こった議論や戦争のように）、または特定の地域に限定されることもありうる（例えば、パレスチナ、ヒンドゥー教の政治政党、アメリカにおける共和党とキリスト教との結びつき）。

「原理主義」をめぐるさまざまな意味

■原理主義は、宗教の根源にある聖典や、宗教の権威に関心がある。原理主義者は宗教の聖典を文字どおりに読むことがしばしばで、聖典の本来の文脈や意図を無視することがあるかもしれない。こうした宗教の聖典を解釈する者（教師・説教者・著述家）には、大きな権威が与えられている。原理主義者は、その宗教の元来の純粋な思想に戻ろうと試みることによって、より高い道徳的な基盤を得ようとする。

■原理主義は近代主義に対する1つの反発として理解することもできる。近代主義は、社会の中で聖なるものや霊的なものを軽視する傾向があったので、原理主義は宗教と社会とをひとつの全体に再統合しようと試みている。したがって、霊的なものが本当にあるのだという感覚を、人々に与えようとしているのである。

■原理主義は、「他のもの」に対抗するものとして、自らを定義づける傾向がある。もし敵がいなくなるなら、原理主義も存在しなくなるだろう。過激な問いを発することや、私たちの時代を疑うことは、敵と見なすことができる。原理主義の主張によれば、真理は明らかにされうるし、また真理は知られうる。原理主義は世界を黒か白かで見る傾向がある。

■それぞれの原理主義的な宗教運動の中心となる信仰は、それぞれ異なる聖典の箇所から生じている。そうした信仰はそれぞれ異なる目的を目指している。ある宗教における同一の原理主義運動の中でさえ、その信仰のすべての信奉者が、動機・イデオロギー・目標について一致していない場合もある。

■原理主義のイデオロギーはしばしば、至福千年王国のようなものを信じている。そのイデオロギーの信仰によれば、理想的な、またはユートピアのような時代がもうすぐ来ようとしており、その時代へはその真の信者によって招き入れてもらう必要がある。この時代はすぐそこまで迫っており、そのイデオロギーも急を要するので、暴力さえも正当化される。

■原理主義の衝動は、すべての宗教の中にある。さらに、世俗主義・新無神論・フェミニズムやその他の運動も、対話することをやめ、自分だけが真理であると主張するならば、原理主義の兆候を示している。

■原理主義は、他のものと同様に、1つの世界観だと理解することができる。原理主義は、すべての真理と現実とを包含する1つの物語を語ろうとする。

Bibliography

Ali, A. Y., *The Holy Qur'an: Translation and Commentary* (Birmingham: Islamic Propagation Centre International, 1946)

Arnold, E., *Bhagavadgita*, (Dover Publications, Inc., 1993)

Beaver, R. P., Bergman, J., Langley, M. S. et al. (eds), *A Lion Handbook: The World's Religions* (Tring, Herts, UK: Lion, 1982)

Bercholz, S. & Kohn, S. C. (eds), *Entering the Stream: An Introduction to the Buddha and his Teachings* (London: Rider, 1994)

Bosch, D. J., *Transforming Mission: Paradigm Shifts in Theology of Mission* (Vol. 16) (Maryknoll, NY: Orbis Books, 1991)

Chryssides, G. D., *Exploring New Religions* (London and New York: Continuum, 1999).

de Rachewiltz, I., *"The Secret History of the Mongols": A Mongolian Epic Chronicle of the Thirteenth Century* (Leiden: E. J. Brill, 2004)

Edwards, L., *A Brief Guide to Beliefs: Ideas, Theologies, Mysteries, and Movements* (Louisville: Westminster John Knox Press, 2001)

Flood, G., *An Introduction to Hinduism* (Cambridge: Cambridge University Press, 1996)

Green, J. B. & Baker, M. D., *Recovering the Scandal of the Cross: Atonement in New Testament and Contemporary Contexts* (Downer's Grove: InterVarsity Press, 2000)

Gyatso, T., *Freedom in Exile: The Autobiography of the Dalai Lama of Tibet* (London: Abacus Books, 1990)

Lewis, M. P. (ed.), *Ethnologue: Languages of the World* (16th edn) (Dallas: SIL International, 2000)

Lichtheim, M., *Ancient Egyptian Literature*, vol. 1 (London: University of California Press, 1975).

Mascaró, J., *The Upanishads* (Harmondsworth, England: Penguin, 1965)

Prothero, S., *God is Not One: The Eight Rival Religions that Run the World – and Why their Differences Matter* (New York: HarperCollins, 2010)

Redfield, J., *The Secret of Shambhala: In Search of the Eleventh Insight* (Sydney: Bantam, 2000)

Redfield, J., *The Celestine Prophecy: An Adventure* (Sydney: Bantam, 1994)

Redfield, J., *The Tenth Insight: Holding the Vision* (Sydney: Bantam, 1987)

Ruthven, M., *Fundamentalism: The Search for Meaning* (Oxford: Oxford University Press, 2005)

Sarangerel, *Riding Windhorses: A Journey into the Heart of Mongolian Shamanism* (Rochester, VT: Destiny Books, 2000)

Smart, N., *The Religious Experience of Mankind* (3rd edn ed.) (New York: Charles Scribner's Sons, 1984)

Smart, N., *The World's Religions* (Cambridge: Cambridge University Press, 1989)

Tweed, T., "Night-Stand Buddhists and Other Creatures: Sympathizers, Adherents, and the Study of Religion", in D. R. Williams & C. S. Queen (edn), *American Buddhism: Methods and Findings in Recent Scholarship* (Richmond, Surrey, UK: Curzon Press, 1999)

Tzu, L., *Tao Te Ching: The Book of Meaning and Life* (R. Wilhelm & H. G. Oswald, trans.) (London: Arkana/Penguin, 1985)

索引

あ

アーシュラマ・ダルマ　41
アートマン　36, 38-39
アヴァターラ（化身）　34-35, 37-38, 43
アウト・カースト　38, 40, 85
アサ神族　21
アッラー　88, 90-93
アニミズム　12, 28, 87
アブ　32-33
アフラ・マズダ　100-101
アブラハム　66-67, 69, 71, 84, 88-89, 92-93
アメリカ先住民の儀式　26, 30-31
阿羅漢　51
アル＝アクサ・モスク　67
安息日　→シャバット
イエス（メシヤである）　76-77
イエスの弟子たち　77-78, 82-85, 108
異教　111
一元論　35-36, 38, 52, 119
5つの柱（イスラム教の）　86, 92
インカ帝国　32-33
陰と陽　55
ヴァン神族　21
ヴィシュヌ　22, 34-35, 38, 41-42
ウィッカ　43, 111
ヴィトゲンシュタイン、ルートヴィヒ　9
ヴェーダ　23, 34, 36-38
ヴェーダ教　23, 35
ウパニシャッド　36
生まれ変わり、転生　31, 35, 38-39, 42, 44, 51, 53, 96, 98, 102, 118
エジプトの神々　17
エジプトの死生観　16-17
エヌマ・エリシュ　15
エルサレムの重要性　71
オリシャ　97
オロドゥマレ　97

か

カアバ　88-89, 92
カーマ・スートラ　42
ガイガー、アーブラハム　74
改革派ユダヤ教　74
会堂　→シナゴーグ
カバラ　75
カミ　104-105
カルケドン公会議　78-79
カルマ　23, 35-36, 38-39, 42-44, 53, 98-99, 102, 118
気　55, 58-59
旧約聖書　14, 68-69, 76-77, 80, 109
経典　→スートラ
ギリシア・ローマの神々　18
ギルガメシュ叙事詩　15
禁忌　→タブー
近代主義　→モダン
クシャトリヤ・カースト　37, 38, 40, 98
クスコ　32
クルアーン　12, 86-94, 106-107
グル・ゴビンド・シン　102
グルドワーラー　102-103
グル・ナーナク　102
契約（神の）　67-71, 80
化身　→アヴァターラ
ケルトの神々　20-21
原始宗教の特徴　13
原理主義の起源　120
孔子の追放　60-61
ゴータマ・シッダールタ（ブッダ）　44-45, 48
コシェル　72
コンスタンティヌスのキリスト教への回心　78

さ

悟り（ブッダの）　45

サラフィー　87, 95
サンガ（僧伽）　45-47, 49, 53
三重の信仰告白（仏教）　47
三神一体　→トリムルティ
シーア派イスラム教　10, 94
シヴァ　22, 34-35, 42-43
シェヒター、ソロモン　75
死海写本　81
四諦説　44, 48, 50
十戒　14, 68-70
シナゴーグ（会堂）　66-67, 69, 73, 75
ジハード　92, 95
ジャータカ物語　48-49
ジャーティ　40
シャーマン　13, 26, 30, 32-33
ジャイナ教の5つの誓い　99
ジャイナ教の経典　99
シャバット（安息日）　70, 72, 74
シャリーア　87, 95
宗教改革　78-79, 84
宗教の定義　8-9
儒教の経典　55, 63　→論語
上座部仏教　49-51
仁　63, 65
新宗教運動（NRM）　113, 116, 118, 121
神殿の破壊　66-67
神道の聖なる書物　104
新約聖書　76-78, 80-82, 101, 109
スウェット・ロッジ　31
過越　68, 73
ストゥルルソン、スノッリ　20
スートラ（経典）　48-49, 55, 99
ストーンヘンジ　111
スーフィー教　94-95
スペイン人の征服　32
スマート、ニニアン　13, 55, 123
スムリティ経典　36

スルーティ経典 36
スンニ派イスラム教 10, 88, 91, 94-95
正教会 79
聖書 →旧約聖書、新約聖書
正統派ユダヤ教 75
世界軸 27
世俗主義 9, 87, 95, 114-116, 120-121
先祖（祖先）の重要性 13, 24-25, 28-29, 31-32, 54, 59, 63, 96-97
僧伽 →サンガ
荘子 57-58
族長 67-69, 77
ゾロアスター 100
ゾロアスター教の経典 100

た

太極拳 58-59
大乗仏教 44, 49-51
ダオ（道）56-58, 65
たとえ話（イエスの） 76
タパス 99
タブ 13, 29
タブー（禁忌） 13, 29-30
ダライ・ラマ 27, 44, 51
ダリット 38, 41, 85
ダルマ 23, 36-38, 40-41, 45, 47-48, 50
タルムード 67, 70, 72
タントラ経典 37, 43, 51
チベット仏教 27, 49, 51
罪 82
ディーワーリー 41
デュルケーム、エミール 115
転生 →生まれ変わり
道 55 →ダオ
ドゥッカ 48
道徳経 56-57
10の禍い 68-69

トーテム信仰 13, 29
トーラー 66-75, 93
ドリームタイム 29
トリムルティ（三神一体） 22, 34
ドルイド教 20, 111

な

嘆きの壁 →西の壁
ニーチェ、フリードリヒ 115
西の壁（嘆きの壁） 66, 71
ニューエイジ運動 20, 33, 118
ニルヴァーナ（涅槃） 45, 48, 51
ヌーミナ 19
ネチュン神託官 27
涅槃 →ニルヴァーナ
ノルウェーの神々 →アサ神族、ヴァン神族

は

バガヴァッド・ギーター 35-37
バクティ・マルガ 34-35
ハシディズム 75
パチャママ 32-33
ハッジ 9, 88-89, 92
八正道 45, 48
ハディース 87, 90-91
バハーウッラー 106-107
バーブ 106-107
ハラッパーの宗教 22
バラモン 23, 37-38, 40-41, 44
パールシーの共同体 100-101
ハレ・クリシュナ 42-43, 117
ハーン、チンギス 27
ヒジュラ 89, 92
風水 59
フォイエルバッハ、ルートヴィヒ 115
福音書 76-78, 80, 93

プージャー 35, 39, 98
復活（イエスの） 76-78, 80, 82-83
仏教経典 46, 48-49
ブッダ →ゴータマ・シッダールタ
ブラフマー 22, 34
ブラフマン 36, 38-39, 43
フロイト、ジークムント 115
プロテスタント教会 79, 85
ペイガンの定義 110-111
ヘルツル、テオドール 74
ペンテコステ主義、ペンテコステ派 84-85, 116-117
菩薩 51
保守派ユダヤ教 75
ポストモダンの鍵となる思想 112

ま

マイモニデス 70
マギ 101
マチュ・ピチュ 33
マナ 13, 29
マハーヴィーラ 98-99
マルクス、カール 115
無為 58
無神論 114-115, 121
ムハンマドの啓示 86-94, 106-107
メソポタミアの神々 15
メソポタミア文明 14
孟子 57, 61-62, 65
モクシャ 36, 38, 41, 43, 99
モーセ 66-71, 74, 80, 93, 106-107
モーセの書 67, 69-71 →旧約聖書
モダン（近代主義） 41, 95, 112-113, 116, 121
モルモン 108
モルモン教の経典 109
モルモン書 108-109

や

唯一の偉大な霊　30-31

ヨガ　34, 42-43, 95, 118

ヨーニ・リンガ　35, 43

ら

ラビ・ヒルシュ　75

ラマダーン　92-93

輪廻転生　→生まれ変わり

ルター、マルティン　79, 84

礼　63

レッドフィールド、ジェームズ　119, 123

老子　56-57

ローマ・カトリック教会　10, 79, 84, 96

論語　61-63, 65

Picture acknowledgments

Alamy: p. 15 Janzig/MiddleEast; p. 16 Ball Miwako; p. 19br Ilene MacDonald; p. 20 World History Archive; p. 21 The Art Archive; p. 25tr Robert Estall photo agency; pp. 28, 32 Deco; p. 30tl All Canada Photos; p. 31tr dynamitestockimages; p. 34 Art Directors & TRIP; p. 35t Morten Svenningsen; p. 35br Biju S.S; p. 36 Travel Pictures; p. 37 Louise Batalla Duran; pp. 46–47 Phil Portus; p. 51 John Rodriguez; p. 53b Kelly Headrick; p. 55 BB Images; p. 64bl JTB Media Creation, Inc.; p. 75tl Eric Nathan; p. 76 UpperCut Images; p. 81 BibleLandPictures; p. 102tl Interfoto; p. 105 Adina Tovy; p. 114 Jeff Morgan 02; p. 117tm Michael Dwyer; p. 120 epa european pressphoto agency b.v.

Bridgeman: p. 45 Bonora; p. 82 Alinari

Corbis: p. 13 Paul C. Pet; p. 22 Paul Harris/JAI; p. 23tr Christophe Boisvieux; p. 23b Michael Freeman; p. 26 ILYA Naymushin/Reuters; p. 27 Alison Wright; p. 29tr Larry Williams; p. 30bl Ocean; pp. 31br, 84, 108 Bettmann; p. 40 epa; pp. 40–41 Frederic Soltan; p. 42 Pete Saloutos/Image Source; p. 43 Godong/Robert Harding World Imagery; p. 46 Zaheerudin/Webistan; p. 47 Kevin R. Morris; p. 48 Photosindia; p. 52 David Turnley; p. 59 Kevin Fleming; pp. 61, 64tr Imaginechina; p. 68 Roger Ressmeyer; p. 69 Mitsuhiko Imamori/Minden Pictures; p. 72 Evan Golub/Demotix; p. 73 Hanan Isachar; p. 74 Tom Hoenig/Westend61; p. 83 Oliver Weiken/epa; p. 85tm Jodi Cobb/National Geographic Society; pp. 88–89 ALAA Badarneh/epa; p. 92 George Steinmetz; p. 94 Bruno Ehrs; p. 99 Paul Panayiotou; p. 100 Raheb Homavandi/Reuters; p. 102br Bruno Morandi/Hemis; p. 104bl Jack Fields; p. 106 Lawrence Manning; p. 109 Nik Wheeler; p. 112 Sion Touhig; p. 117tl Grzegorz Michalowski/epa; p. 117tr Wolfgang Kaehler; p. 117bl Lebrecht Music & Arts; p. 119 George H. H. Huey

Getty: p. 49; p. 8l UIG; p. 19l Dorling Kindersley; p. 62 TAO Images Limited; p. 77 De Agostini

Glow Images: p. 12bl Werner Forman Archive/Tanzania National Museum, Dar es Salaam; p. 24 Werner Forman Archive/Private Collection; p. 33ml Therin-Weise/Arco Images; p. 53m Michel Setboun; p. 91 Werner Forman Archive/formerly Spink Collection

Lebrecht: p. 33tr De Agostini; p. 66 primaarchivo

Picture Desk: p. 8r Steve Raymer/NGS Image Collection/Art Archive; p. 18 Archaeological Museum Piraeus/Gianni Dagli Orti/Art Archive; pp. 25bl, 60 British Museum/Art Archive; p. 50 Stephanie Colasanti/Art Archive; p. 56 National Palace Museum Taiwan/Art Archive; p. 78m Cathedral of St Just Trieste/Collection Dagli Orti/Art Archive; p. 86 Manuel Cohen/Art Archive; p. 96tl United Artists/The Kobal Collection; p. 96br DANJAQ/EON/UA/The Kobal Collection; p. 113 Warner Bros/The Kobal Collection

Sonia Halliday: pp. 56–57, 70–71, 101bl

Superstock: p. 65 Eye Ubiquitous; p. 75tr Robert Harding Picture Library; p. 95 age footstock; p. 101t imagebroker.net

Topfoto: p. 33mr; pp. 9, 54, 90, 104tl ullsteinbild; p. 12tr Fortean; pp. 14, 17 World History Archive; p. 29bl Paul Ross; p. 31tl Topham Picturepoint; pp. 38–39 Dinodia; p. 58 Columbia Tristar; p. 67 Dan Porges; p. 78tr The Granger Collection; p. 81b Duby Tal/Albatross; pp. 85bl, 121 ImageWorks; p. 97 ImageWorks; p. 107 Hal Beral; p. 111 Kevin Carlyon/Fortean Picture

Maps and diagrams
Lion Hudson: pp. 40, 73, 80, 93, 110

Phoenix Mapping: pp. 14, 21, 28, 44, 60, 79, 88, 94, 97

Richard Watts: pp. 10–11

Lion Hudson
Commissioning editor: Ali Hull
Project editor: Miranda Lever
Proofreader: Elizabeth Hinks
Book designer: Jonathan Roberts
Picture researchers: Miranda Lever, Margaret Milton, Jonathan Roberts
Production manager: Kylie Ord